Meinem Sohn Daniel gewidmet

Ursula Reitberger
Mit Herzblut und heiligem Zorn
Robert Reitberger
Leben und Verwandlung

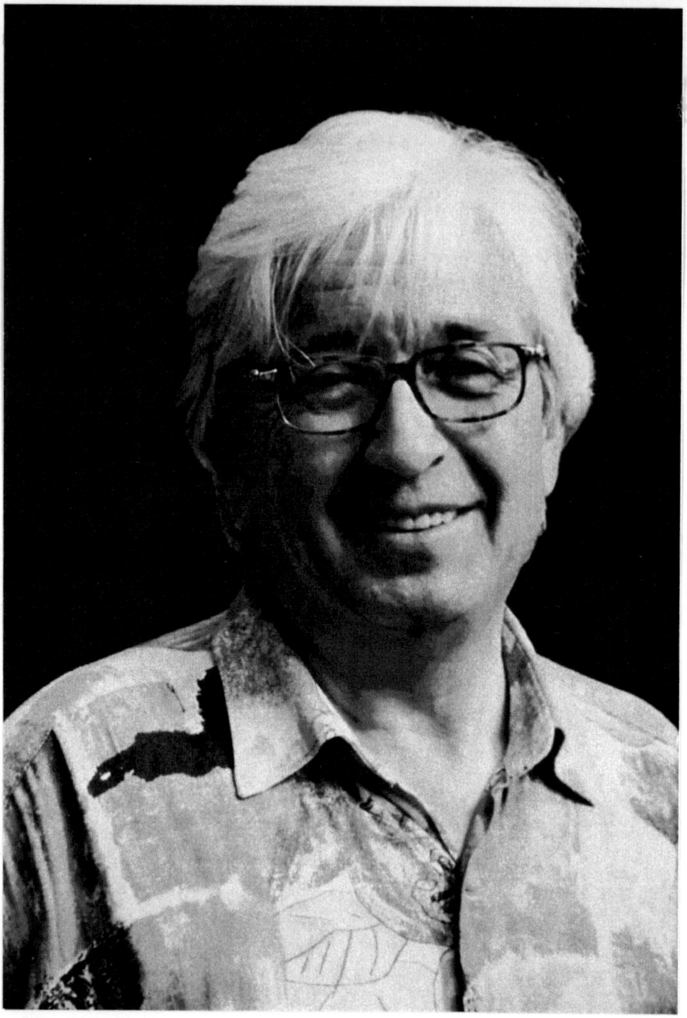

Ursula Reitberger
Mit Herzblut und heiligem Zorn
Robert Reitberger
Leben und Verwandlung

HEINRICH OSTERRATH VERLAG
HAMBURG

Impressum

ISBN 3-926708-34-4
© Ursula Reitberger
Buchenweg 1
25469 Halstenbek
04101- 41565

Erschienen im
Heinrich Osterrath Verlag
Hamburg
Tel.:040-835312
Fax: 040-83200849
August 2003

Inhalt

	Seite
Präludium	11
Begegnung	13
Der Musiker	28
Interview	48
Verlobung in Bayreuth	71
Als Familie in Hamburg	73
Bildteil	
Diagnose Leukämie	83
Leben mit der Angst	91
Krise und geschenkte Zeit	105
Versöhnung	116
Vollendung	120
Abschied	135
Zum Geleit	141
Danksagung	143
Hinweise zu den Bibeltexten	143
Erläuterungen	144

Präludium

Traum

Robert steht auf einem Bahnsteig wie zu einer Reise aufbrechend und sieht mich mit strahlendem Gesicht an. Sein Cello hält er in der Hand. Er sagt zu mir: „Ich habe dir mein Lebenswerk hinterlassen." Dann bekommt er einen völlig anderen Gesichtsausdruck, schließt die Augen – und ich bin allein.

* * *

Als mein Mann Robert Reitberger im November 1999 von seiner Leukämie erfuhr, bekamen sein Leben und unsere Liebe zueinander eine neue Dimension. Die irdische Endlichkeit wurde für uns greifbar, gleichzeitig wandte sich unser Blick bei der Suche nach dem Sinn des Daseins mehr als bisher auf das Unendliche. Robert durfte nach der Diagnose noch mehr als ein Jahr leben und hat in dieser Zeit eine Verwandlung durchgemacht, die mit seinem Tod ihren Höhepunkt erhielt. Wenn sinnvoll zu leben bedeutet, lieben zu lernen, dann war die Leukämie für Robert eine Möglichkeit, menschlich zu wachsen: Roberts Liebe zur Musik hat ihn zu einem hervorragenden, beseelten Cellisten werden lassen. Seine Liebe zu den Menschen kam jedoch erst am Ende seines Lebens zu ihrer Erfüllung.

Das Buch enthält die Biographie von Robert als Geschichte eines großen Musikers.

Ich schreibe das Buch aber auch in der Absicht, meine Erfahrungen im Zusammenhang mit Roberts Krankheit und seinem Sterben weiterzugeben. Mein Glaube an

Gott ermöglichte mir etwas, das ich zunächst nicht für möglich gehalten habe: Mehr noch als das Glück ist das Leid für mich eine Wurzel des inneren Wachstums geworden. Schmerz und Trauer haben Robert und mich durch tiefe Täler gehen lassen, aber für mich ist die Trauer im Laufe der Zeit zu einer Quelle der Kraft geworden, auch ich bin verwandelt worden. Durch den Tod wurden wir physisch getrennt, dennoch ist Robert für mich erlebbar in der geistigen Welt und mit seiner Liebe und Fürsorge bei mir.

Das Buch ist eine Danksagung an alle Menschen, die uns durch Gespräche, Briefe und Gebete beigestanden haben und mir heute noch beistehen.

Es ist eine Danksagung an Robert, der mich aus vollem Herzen und mit seiner ganzen Kraft liebte und mir Impulse gab, die mich von Grund auf verändert haben.

Der heiligste Tag hienieden von allen Tagen des Lebens ist der, an welchem wir sterben; das ist der letzte Tag, der Tag der heiligen, großen Verwandlung.

(Hans Christian Andersen)

Begegnung

Robert und ich lernten uns bei einer Musikwoche des Internationalen Arbeitskreises für Musik in Bad Hersfeld kennen. Wenn wir später auf unsere erste Begegnung zurückschauten, sagten wir: Es war Liebe von Anfang an. Robert war einer von drei Dozenten der Musikwoche für Streichorchester. Mein Entschluss daran teilzunehmen war eine jener Intuitionen, von der ich heute sage: Ich bin geführt worden, es war unser Schicksal, uns zu begegnen.

Schon auf der Autofahrt nach Bad Hersfeld wurde ich neugierig auf Robert: Eva und Thomas, meine Mitfahrer, die ihn von vergangenen Musikwochen kannten, erzählten lebhaft: „Der Cellist ist ein ganz eigener Mensch. Jeden Morgen geht er um 7.00 Uhr zum Bahnhof und sieht Züge an. Strahlend kommt er dann zum Frühstück und macht Witze. Er scheint allerdings nicht viel zu schlafen, denn abends genehmigt er sich zusammen mit den anderen Dozenten eine ordentliche Menge Schnaps. – Er ist Solocellist in Hamburg."

Als die Musikwoche begann, war Robert noch nicht da, weil er – wie so oft – noch Operndienst hatte. Am zweiten Tag wurde er beim Mittagessen vorgestellt. Interessiert betrachtete ich ihn – wallende graue Haare, ein ausdrucksvolles Gesicht, legere Kleidung. Das Cello war in einer schlichten abgenutzten Lederhülle verpackt, auch Roberts heller Mantel schien schon bessere Zeiten gesehen zu haben. Robert blieb nach dem Essen noch lange sitzen und unterhielt sich lebhaft, nebenbei genüsslich einige Portionen Vanillepudding verzehrend, offensichtliche „Spenden" von denen, die seine Essleidenschaft im Allgemeinen und Puddingliebe im Besonderen kannten.

Am Nachmittag war die erste Probe mit Robert. Er spielte mit uns das Cellokonzert in g-Moll von Georg Mathias Monn. Ich kam einige Minuten zu spät und blieb überrascht und zutiefst beeindruckt an der Tür stehen. Robert gestaltete jeden Ton mit Ehrfurcht und Hingabe; mit nach innen gerichtetem Blick versetzte er sein Instrument in Schwingung. Dabei atmete er wie ein Sänger vor jeder Phrase ein und war selbst ein Teil seines Cellos. Sein warmer, intensiver Ton rührte mich im Innersten an. Er war ohne Bezug zum Irdischen, zu Saiten, Holz und Technik. Die Musik schien aus dem Himmel durch Roberts Seele hindurch direkt auf das Cello übertragen zu werden. Als ich sein zugleich feines und sonor temperamentvolles Spiel hörte, formte sich in mir das Bild eines Menschen, der mit beiden Armen das Cello in Liebe und Hingabe wie eine vor ihm kniende Frau umfängt.

Kaum wagte ich mich zu bewegen und zu meinem Platz zu gehen. Robert schien mich nicht zu bemerken und fuhr mit der Probe fort. Dann brach er ab: „Das Orchester klingt wie ein Lastwagen mit Anhänger, der Steine geladen hat und bergab über Kopfsteinpflaster rumpelt. Das muss weicher klingen! Und nehmt doch mal euren ganzen teuren Bogen! Der ist doch bezahlt!" Gelächter und Geraune, man kannte Roberts Art schon.

Ich freute mich auf eine interessante musikalische Arbeit und hoffte, dass meine vor einiger Zeit operierte Bandscheibe das lange Sitzen nicht übel nehmen würde. Nach der Trennung von W. mit emotionaler Eiszeit und dem Grübeln über Existenzprobleme sah ich einen kleinen Sonnenstrahl: Ich wollte wieder Geige spielen, und die Musikwoche sollte der Anfang sein.

Ich wusste noch nicht, dass es der Anfang der großen Liebe meines Lebens sein sollte.

Am nächsten Tag saß ich beim Essen Robert gegenüber, er scherzte und lachte, aß wieder große Mengen Pudding und meinte treuherzig: „Ich versuche schon länger abzunehmen. Jetzt weiß ich auch, was hilft: weniger essen." Trotzdem war sein abgetragener Pullover in der Mitte wohlgerundet und der Hemdenknopf kurz vor dem Wegplatzen.
Unser Blickkontakt war intensiv, zwischen Robert und mir entwickelte sich eine eigenartige Anziehung. Robert sagte später: „Ich musste dich einfach anschauen in deinem wallenden weißen Rock, wie du lebhaft in die Runde gesprochen und über alle Tische hinweg gelacht hast." Für mich war diese Zeit eine Befreiung von den vergangenen Sorgen, keiner kannte mich, und ich brauchte auf niemanden Rücksicht zu nehmen. Es herrschte ein lockerer Ton, Orchestermitglieder unterhielten sich über „Schnecken", die sie „angraben" wollten und „Tussis", die man „anbaggern" konnte – im Klartext der Versuch, sich einer weiblichen Person zu nähern. Ich war erstaunt, dass Robert nach einer intensiven pausenlosen Probe schnell umschalten konnte und begeistert über die Witze der anderen lachte. Als jemand nieste, rief er laut: „Feudel, aufwischen!" Und wünschte sich selbst vor dem Essen: „Danke gleichfalls, alles muss man selber sagen."
Am Abend lud Robert mich ein, zusammen mit anderen Teilnehmern ins Dorf „einen trinken zu gehen". Wir gingen in das vornehme Romantikhotel, den „Nobelschuppen", wie Robert sagte. Der Kellner erschien im Smoking und fragte nach den Wünschen der Herrschaften. Robert rief: „Lassen Sie mal die Luft aus dem Glas!" Der Ober sah uns verständnislos an. „Ein wenig Humor,

mein Lieber!" Robert ließ die Getränkekarte kommen und lud uns alle ein. Als die Getränke gebracht wurden, meinte er: „Schnell austrinken, ehe Haut draufkommt!" Strahlend sah er in die Runde, stets bereit zu einem lustigen Spruch, und überlegte, ob er noch „ein paar Gummijungs" (Krabben) bestellen sollte. Auf dem Rückweg fragte er mich, ob ich „eigentlich einen Typ" hätte. Ich antwortete: „Eigentlich ja, aber der hat sich gerade verabschiedet." Dröhnend lachte Robert und schien mit meiner Antwort zufrieden zu sein. Der Weg war recht lang, allmählich ließen wir die anderen vorausgehen, und Robert zog meine kalte Hand in seine gemütliche Manteltasche.

In der Nacht konnte ich nicht schlafen, nahm mein Kopfkissen in die Arme und überlegte fieberhaft, was nun kommen könnte: Ein gutaussehender Mann (wie alt mag er eigentlich sein?), von dessen Familienverhältnissen ich nichts weiß, fasziniert mich nachhaltig. Hat er eine Vorstellung von dem, was er will? Ich bin leer im Kopf, mein normalerweise scharfer Verstand kann mir nicht raten. Mein Herz empfindet Seelenverwandtschaft, Nähe und auch eine Eigendynamik der Ereignisse, die ich wie von außen betrachte. Ich werde einfach weitergetragen in eine Zukunft, an deren Planung ich mich seltsamerweise nicht beteiligt fühle. Ein Gedanke steht mir klar vor Augen: Wenn ich jetzt nicht eingreife und zum Beispiel nach Hause fahre, dann kann ich vielleicht nicht zurück.

Am letzten Tag der Musikwoche hatten wir keine Probe, weil das Konzert schon vorbei war, und Robert wollte deshalb abreisen. Beim Frühstück fragte er mich beiläufig, ob ich mit ihm einen Spaziergang machen würde, dann könnte er noch einen Tag in Bad Hersfeld bleiben. In Gedanken an meine nächtliche Ratlosigkeit stimmte ich zu, eine sofortige Trennung schien mir unpassend und verfrüht. Also gingen wir lange durch Wald und Wiesen, ich wagte nicht, nach Roberts Familie zu fragen. Er sprach von seinem Orchesterdienst, von seinen Schwierigkeiten mit einigen unmotivierten Kollegen und von seiner großen Freude am Cellospiel. Der Weg führte uns zu einem Friedhof, und wir setzten uns auf eine Bank an diesem ruhigen Ort. Robert erzählte, dass er bei ähnlichem Wetter einmal seinen alten Mantel in den Bahnhofsmülleimer von Bad Hersfeld gesteckt und es nach einem Kälteeinbruch dann bitter bereut habe. Blinzelnd räkelten wir uns in der Sonne und wie selbstverständlich gab mir Robert einen Kuss, sehr zart mit rauen Winterlippen. Als wir zurückkamen, sagte ein Geiger: „Ihr seht aus, als hättet ihr euch tausend Jahre gesucht und endlich gefunden."

Unsere Trennung rückte unvermeidlich näher, wir hatten beide Tränen in den Augen, als ich mit meinem Auto nach Bielefeld losfuhr. Robert fuhr später mit dem Zug nach Hamburg. „Wollen wir uns schreiben?" fragte er, und ich hatte keine Vorstellung davon, was ich wollte und was ich nicht wollte. Eigentlich war es für mich viel zu früh für eine neue Beziehung, aber andererseits war da etwas Unbeschreibliches zwischen uns, etwas Leichtes, wie ein zarter, warmer Wind.

Als ich zu Hause war, bekam ich hohes Fieber. Robert schrieb mir seinen ersten Brief:

„Ich habe große Sehnsucht nach Dir, denn das Erlebnis, Dich kennen zu lernen, war komprimiert und dicht. Als ich im Zug saß, konnte ich noch gar nicht richtig fassen, was eigentlich geschehen war. Als ich wieder in Hamburg war, habe ich erst gemerkt, wie Du mich gefesselt hast. Abends hatte ich noch vier Stunden „Tannhäuser" zu spielen. Die ganze Umgebung des Orchesters hat

mich dann wieder sehr gestört, aber das ist ein Kapitel für sich. In den letzten Nächten habe ich sehr schlecht geschlafen. Heute Vormittag in der Probe bekam ich einen furchtbaren Krampf in der linken Seite und fühle mich ganz miserabel. Ich möchte jetzt lieber bei Dir sein und Deine Nähe spüren. Vielleicht können wir uns bald einmal sehen. Sei nun lieb gegrüßt von Deinem Robert. Ich sehne mich so nach Dir."

Dem ersten Brief von Robert folgten täglich weitere sehnsüchtige Postkarten und Briefe, dazu Kassetten mit Sinfonien von Beethoven, Klavierkonzerten von Schumann und Brahms, dem Doppelkonzert von Brahms für Violine, Cello und Orchester, jedes Mal eine neue Kostbarkeit mit Roberts Lieblingsdirigenten und -Interpreten. Wir telefonierten so viel, dass wir witzelten, davon eigentlich auch eine gemeinsame Wohnung bezahlen zu können. Allerdings hatte Robert zunächst Hemmungen, mich zu sich einzuladen, und hatte neben dem Orchesterdienst keine Zeit, mich zu besuchen. (Sein Pultkollege berichtete mir später, dass Robert zu seiner großen Verwunderung gelegentlich unkonzentriert beim Cellospiel war ...) So sahen wir uns zum ersten Mal nach Hersfeld bei einem Kammerkonzert für Cello und Klavier in Moers wieder. Im Programm stand Roberts Vita; so erfuhr ich sein Alter, denn ich hatte nicht gewagt, ihn zu fragen: Nach Roberts Schilderungen schien sein Berufsleben schon sehr lange zu dauern, aber er hatte eben früh angefangen. Er spielte die „Arpeggione"-Sonate von Schubert, und wieder war ich hingerissen von dem herrlichen Celloton!

Nach dem Konzert fuhr Robert mit mir nach Bielefeld, um mein Zuhause und Daniel kennen zu lernen. Fieberhaft versuchten wir, die Zeit anzuhalten und jede gemeinsame Minute auszukosten. Als Robert wieder in

Hamburg war und ich in der Schule arbeiten musste, erlebte ich, was jede kurze oder lange Trennung von Robert bei mir auslöste: Ich war unfähig, mich auf irgendetwas zu konzentrieren, außer auf den Wunsch, ihn bald wieder bei mir zu haben. Meine Haut glühte vor Entbehrung; Ruhelosigkeit und Schlaflosigkeit quälten mich so lange, bis wir wieder zusammen sein konnten. Wir erwarteten beide, dass dieses starke Gefühl der ersten Verliebtheit irgendwann abebben würde, aber das geschah nicht bis zu Roberts Tod. Und auch bei der in diesem Leben endgültigen Trennung erlebte ich die beschriebenen Symptome.

Ich wunderte mich über die Stärke unserer Gefühle, denn wir liebten beide nicht zum ersten Mal. Und doch war es so, als wäre es das erste Mal.

Zwei Monate nach unserer Begegnung in Bad Hersfeld fuhr ich zum ersten Mal nach Hamburg und hatte noch immer die Befürchtung, Kinderschuhe vor der Wohnungstür vorzufinden. Ich erfuhr jedoch, dass Robert allein lebte und war – natürlich – erleichtert. Am ersten Abend meines Aufenthaltes hatte Robert Dienst, und ich hatte Muße, seine Wohnung auf mich wirken zu lassen. Jedes Zimmer atmete Roberts Geist und war von seiner Persönlichkeit durchdrungen. In der Eingangsdiele stand eine große Modelleisenbahn, auf einem kleinen Tisch im Wohnzimmer eine Modellstraßenbahn. Auf einem Schrank und in einem weißen Sessel hatte er diverse Stofftiere arrangiert, darunter viele Bären, die er mit kindlicher Inbrunst liebte. An den Wänden hingen Porträts berühmter Musiker, den meisten Platz nahm seine Bücher- und Schallplattensammlung ein. Nach dem Dienst, also nachts, las er oft Partituren, hörte Musik oder studierte Biographien. Allerdings fand ich kein einziges Elektrogerät außer einem Staubsauger und diversen

Tonwiedergabegeräten. Auch eine Waschmaschine suchte ich vergeblich und erfuhr, dass Robert aus dem fünften Stock regelmäßig mit zwei Koffern zum Waschsalon marschierte. Auch dies erledigte er am liebsten nachts nach der Opernvorstellung. Als ich einen Putzeimer suchte und deshalb einige Schranktüren öffnete, stellte ich fest, dass überall Schallplatten und Kassetten lagerten: Im Abstellraum, im Küchenschrank, im Kleiderschrank, eigentlich überall, wo eine kleine Ritze war. Sie lagen dort aber nicht unbenutzt; Robert kannte jedes Werk und seine Interpreten und hütete seinen Schatz sorgfältig.

Weil ich etwas backen wollte, öffnete ich den Gasofen, und es fielen mir schwarze Bruchstücke in die Hände. Was war geschehen? „Das ist schon eine Weile her. Ich hatte ein Alu-Essen in den Ofen gestellt und wollte es warm machen. Da klingelte das Telefon, und ich habe beim Telefonieren das Essen vergessen. Plötzlich gab es einen Knall, und da war es im Ofen explodiert." Robert kicherte. „Und dann habe ich den Ofen nicht wieder aufgemacht."

Robert liebte seine Wohnung und hielt sie ordentlich und sauber. Hier hatte er schon mit seiner ersten Frau Lisa, der Tochter des bekannten dänischen Opernsängers Franz Andersson, und mit seiner Tochter Marie-Louise gewohnt. Robert und Lisa heirateten, beide noch sehr jung und von ihren Elternhäusern belastet, im Jahre 1959 in Dänemark. In diesem Jahr kam die begabte und musikalische Tochter Marie-Louise zur Welt, die sich später zur Pianistin ausbilden ließ. 1973 kam es zur Trennung und später zur Scheidung zwischen Robert und Lisa, die wieder nach Dänemark zog. Lisa und Robert pflegten trotz der räumlichen Trennung einen intensiven Kontakt mit regelmäßigem Briefwechsel und einem gemeinsamen alljährlichen Aufenthalt in Bayreuth. Robert vermied allerdings eine enge Beziehung zu seiner Tochter. Seine ablehnende Haltung änderte sich erst kurz vor seinem Tod.

Seitdem Lisa Robert verlassen hatte, war er allein und hatte zeitweise Schwierigkeiten, sich mit seinem Junggesellen-Dasein anzufreunden. Bis dahin hatte immer jemand für ihn gesorgt; das Kochen hat Robert nicht gelernt, obwohl er doch so gerne aß. Alle anderen Notwendigkeiten des Haushalts hat er irgendwie auf seine Art bewältigt. Seine Haushaltsführung atmete das Flair vergangener Tage, in der Wohnung schien die Zeit (fast) stehen geblieben zu sein. Die Existenz von Supermärkten hat Robert bis zu meiner Ankunft ignoriert ...

An freien Tagen machte Robert Ausflüge mit der Bahn in eine nahegelegene Stadt wie Bremen, Lübeck oder Hannover; manchmal fuhr er nur um der schönen Bahnfahrt willen, kaufte sich eine Tageskarte für die Straßenbahn und fuhr das „ganze Netz ab", wie er sagte. Er besaß eine umfangreiche Sammlung von Büchern und Zeitschriften über Eisenbahnen und Straßenbahnen, die er beständig vergrößerte. Das Lesen in diesen Büchern gehörte zu Roberts besonderen Freuden.

Robert hatte sich vorgenommen, sich nie wieder mit einer Frau zu liieren; einerseits fürchtete er weitere Verletzungen, andererseits hatte er den Verdacht, selbst nicht partnerschaftsfähig zu sein. Die Tragödie seiner elterlichen Ehe und seine eigene Ehe hatten ihn tief geprägt. Bei mir sei das jedoch anders, bemerkte Robert überrascht und beglückt. Bald sprachen wir darüber, wie schön es wäre, wenn wir zusammen leben könnten und die schmerzhafte Trennungssituation beendet wäre. Es war klar, dass nur ein Leben in Hamburg in Frage kam, da Robert wegen seiner Tätigkeit im Orchester natürlich die Stadt nicht verlassen konnte. Wir wussten, dass ein Zusammenleben für mich das Aufgeben meiner Stelle als Lehrerin am Gymnasium in Bielefeld bedeuten würde. Neben dem Fach Musik unterrichtete ich katholische Religionslehre; das ist in Hamburg kein reguläres Schulfach, so dass sich das Problem meiner weiteren Berufstätigkeit stellte. Die wichtigste Frage war allerdings, wo Daniel leben konnte. Roberts Wohnung war für drei Personen nach heutigen Bedürfnissen und Maßstäben zu klein, insbesondere unter der Voraussetzung, dass Robert keine Einschränkung seiner Freiheit ertragen hätte. Als Daniel mich einmal nach Hamburg begleitete, stellte sich schnell heraus, dass Robert sich Kinder wie kleine Erwachsene vorstellte. Es erschreckte mich zu erleben, dass Robert bedenkenlos das fünfjährige Kind in seiner, Daniel fremden, Wohnung ganztägig allein lassen wollte, um mit mir einen Ausflug zu machen. Robert schien meine Liebe zu ihm testen zu wollen, indem ich mich zwischen ihm und Daniel entscheiden sollte. Vernünftige Worte von mir erreichten ihn nicht. Daniel reagierte mit zahlreichen Liebesbezeugungen, „Briefen" und Bildern, konnte Robert dadurch aber nicht beeinflussen. Weil ihn Daniels Gegenwart störte, stellte Robert eines Tages Daniels Koffer und Spielsachen vor die Wohnungstür und sagte zu ihm: „Ich will dich hier nicht haben. Fahr nach Bielefeld zu deinem Vater, der soll sich um dich kümmern."

Roberts zeitweise ablehnende Haltung Daniel gegenüber war von Anfang an bis kurz vor Roberts Tod unser einziger großer Konfliktstoff. Robert wiederholte als Vater unreflektiert vieles, was er durch seinen eigenen Vater hatte erleiden müssen.

Kindheit in Flensburg

Wenn Robert von seiner Kindheit in Flensburg sprach, benutzte er dazu das Wort „Vergangenheit". Der Unterton seiner Stimme erweckte in mir das Bild der Flammenschrift von Heinrich Heines „Belsazer". Bis zum Sommer des Jahres 2000, in dem Robert eine wie erlösende Verwandlung durchmachte, verfolgten ihn die Wirrnisse seiner Jugend quälend: der Krieg, die schwache depressive Mutter und ganz besonders der beherrschende Vater. Roberts Vater war als Cellist Mitglied des Flensburger Orchesters. Wie mir Roberts langjähriger Freund Wolfgang berichtete, wohnten Familie Reitberger und Wolfgangs Familie in der Toosbystraße. Vom Fenster aus konnte der vier Jahre ältere Wolfgang oft den „kleinen Robert" beobachten, wie er seinem Vater folgte und wie ein Schatten hinter ihm herlief. Cellounterricht erhielt Robert bei seinem Vater, den er als Instrumentalist allerdings schon recht bald übertreffen sollte. Robert war tatsächlich ein Wunderkind, er spielte mit zwölf Jahren schon öffentlich die schwierigen Solosuiten von J. S. Bach und mit sechzehn Jahren das Cellokonzert von A. Dvořák.

Wolfgangs und Roberts Väter waren Kollegen im Flensburger Orchester, und Ludwig Reitberger war als schwieriger Mensch und Kollege bekannt. Selbst Vollwaise seit seinem dritten Lebensjahr, war er als Familienvater ausgesprochen despotisch. Die Mutter war seelisch und nervlich stark angegriffen und nahm sich das Leben, als Robert zwanzig Jahre alt war, also kurz nach seinem Weggang von zu Hause. Zeitlebens fühlte er sich deshalb schuldig, denn die Lebensaufgabe der Mutter schien sich mit der Erziehung von Robert erschöpft zu haben.

Robert konnte sich gut an seine Kindheit erinnern und erzählte mir häufig von den Ängsten seiner Mutter, die bei nächtlichen Gewittern mit gepackter Tasche im Mantel mit Robert im Treppenhaus saß. Auch andere Ängste hat sie auf ihn übertragen, so dass Robert beispielsweise nie das Schwimmen oder Fahrrad fahren erlernt hat. Die Mutter litt zeitweise an Wahnvorstellungen und konstruierte eine „feindliche, böse" Umwelt; der Vater nahm die Probleme seiner Frau nicht ernst und leistete deshalb keine Unterstützung. Häufig prügelte er Robert und zertrümmerte in blinder Wut Teile der Wohnungseinrichtung, wenn Robert wagte sich zu wehren. Seine Mutter sagte in solchen Fällen zu Robert: „Sieh an, was du wieder angerichtet hast! Du darfst den Vati nicht reizen." Es scheint, als ob Roberts Vater seinen weichen, künstlerischen Sohn abhärten und auch klein halten wollte, kleiner als sich selbst. Dennoch: Als Robert zur Hitlerjugend eingezogen werden sollte, hat der Vater ihn so oft wie möglich zum Kirchenchor mitgenommen und versteckt.

Die Ambivalenz seiner Vaterbeziehung zeigt sich in zahlreichen erhaltenen Postkarten und Briefen, die Robert schrieb. Im Juli 1943 war der neunjährige Robert mit seiner Mutter zu einem Familienbesuch zwei Wochen lang in Thüringen. Täglich schrieb er an seinen Vater gewissenhaft in krakeliger Kinderschrift:

„Lieber Vati! Wie geht es Dir? Hast Du schon unsere alten Fleischkarten erhalten? Hier ist eine Hitze wie verrückt. Das Gras ist ganz verbrannt. Die Wege sind so sandig und noch so vieles. Ich habe eben wieder eine Stunde Flöte geübt. Es grüßt Dich Dein Robert." Eine andere Karte: „Mein lieber Vati! Ich bin ordentlich braun gebrannt und fühle mich sehr wohl. Es gefällt mir

hier sehr gut. Man möchte nur manchmal etwas Gutes essen. Wir haben hier noch kein Ei gesehen. Sonst geht es mir gut, nur Mutti nicht. Es grüßt Dich Dein Robert."

Wie sehr sich Robert genötigt fühlte, dem Vater auch später noch regelmäßig Mitteilung über sein Leben zu machen, zeigt eine Karte vom 4. 3. 1957 aus München:

„Mein lieber Vati! Heute will ich Dir endlich Deine Karte vom 28. 2. beantworten. Du mußt entschuldigen, daß ich so lange nicht geschrieben habe, aber ich habe es immer wieder hinausgezogen, und die Zeit vergeht so schnell. Außerdem habe ich furchtbar viel Dienst. Du brauchst Dir keine Sorgen zu machen; außer einer Zahngeschichte, die aber schon vier Wochen zurückliegt, fehlt mir nichts. Ich hoffe, daß ich Dich bald mal wieder in Flensburg besuchen kann, denn ich war ja schon lange nicht mehr oben. In den nächsten Tagen folgt ein Brief, und bis dahin sage ich viele Grüße von Deinem Robert."

Als Einzelkind war Robert in den beschriebenen häuslichen Verhältnissen sehr einsam. Durch seine ungewöhnliche Leidenschaft für die Musik hatte er keine gleichaltrigen Freunde, zumal die Lehrer in der Schule den Musikerberuf öffentlich verächtlich machten. Mit sieben Jahren begann Robert nach einer Explosion in einem Kindergarten, die er miterlebte, zu stottern. Seine Klassenlehrerin, nach Roberts Aussage eine nazitreue Faschistin, ließ ihn gnadenlos vor der Klasse Gedichte rezitieren. Erst Jahre später konnte Robert seine Sprachschwäche besiegen.

Schuldgefühle, Versagensängste, Misshandlung durch den Vater, Angst durch Kriegsgefahren und Einsamkeit prägten Roberts Kindheit. Roberts Psyche war so belastet, dass häufige Ohnmachten und schwere Infekte die

Folge waren. Sein sportlicher Vater urteilte darüber: „Du bist kein Kerl! Man ist nicht krank." Roberts seelische Bedürftigkeit ist auf Fotos aus dieser Zeit deutlich zu erkennen.

Schon als junger Mann litt Robert unter Herzschmerzen, deren Ursache er Jahrzehnte lang nicht nachging. Als er neunzehn Jahre alt war, empfand er die Zustände zu Hause als so bedrückend, dass er sich noch vor seinem Hochschulexamen in Bamberg im Orchester bewarb. Er bekam die Stelle, so wie er jede weitere Orchesterstelle, um die er sich im Laufe seines Lebens beworben hat, im Probespiel für sich erringen konnte. Wieder demütigte und schlug der Vater Robert, weil er seinen Sohn nicht aus Flensburg weggehen lassen wollte.

Zum letzten Mal sah Robert seinen Vater mit einundvierzig Jahren in Westerland, wo der Vater später wohnte. Als dieser auch dort wieder gewalttätig werden wollte, brach Robert äußerlich die Beziehung zu ihm ab. Innerlich hat ihn der Vater jedoch wie eine Lebensbedrohung weiter begleitet.

Mit zunehmendem Alter geschah es häufiger, dass Robert bei Auseinandersetzungen mit Daniel oder mir den aggressiven Tonfall des aus Bayern stammenden Vaters nachahmte. Er sprach dann plötzlich bayrisch und war wie rasend, stundenlang nicht zu besänftigen. Wie sehr ihn sein Vater innerlich quälte, spürte ich oft nachts, wenn Robert aufwachte, weil er im Traum dem ihn schlagenden Vater wieder wehrlos ausgeliefert gewesen war.

Seine Heimatstadt Flensburg mied Robert viele Jahre lang. Dass er trotz seiner Kindheitsgeschichte soviel Hoffungskraft und Liebesfähigkeit hatte, ist verwunderlich. Die Musik hat seine Seele am Leben gehalten, aber das Vertrauen auf das Gute im Mitmenschen, der Glaube an einen gütigen Schöpfer und die Liebe zu sich selbst und dem Nächsten waren Werte, die tief unter der Oberfläche schliefen, als ich Robert kennen lernte; er war im Innersten unsicher. Dass er sich jeden Tag unseres Zusammenseins mehrmals fragend meiner Liebe zu ihm versicherte, mag ein Indiz dafür sein.

Unser gemeinsames Leben war zeitweise zutiefst glücklich, dennoch war Roberts Freude oft getrübt, seine Seele zerrissen; er lebte in deutlich fühlbarer Spannung, die sich gelegentlich in furchtbaren Szenen entlud und ihn dann reumütig zurückließ.

Der Musiker

Als ich Robert kennen lernte, war er sechsundfünfzig Jahre alt und blickte auf eine erfüllte und erfolgreiche Karriere zurück. Informationen über diese Zeit erhielt ich von seinem Freund Wolfgang, Roberts erster Frau Lisa und durch zahlreiche Zeitungsartikel. Auch die Orchesterverträge hat Robert aufbewahrt. Dazu kommen Erzählungen von professionellen Musikern und auch vielen Laien, bei denen Roberts musikalischer Impetus einen bleibenden Eindruck hinterlassen hat.

Die erste Zeitungskritik über Roberts musikalisches Wirken stammt aus dem Jahr 1943, als Robert mit der Blockflöte an einem Schülerkonzert im Deutschen Haus in Flensburg teilnahm. Da der Artikel des „Flensburger Tageblatts" als Zeitzeugnis aussagekräftig ist, seien daraus einige Zeilen zitiert:

„Es wäre müßig, an dieser Stelle noch viel über die Bedeutung der Hausmusik zu sagen. Sie gehört ja zum Schönsten, was es innerhalb der Familie geben kann; sie bindet und führt über den Alltag hinaus an die großen, unversiegbaren Quellen deutschen Kunstschaffens. Indem wir selbst musizieren, kommen wir zwangsläufig dazu, zu deuten, nachzugestalten und damit tiefer zu verstehen ... Das gemischte, geschickt zusammengestellte Programm fand bei den Angehörigen und den zu Gast geladenen verwundeten Soldaten eine dankbare Zuhörerschaft ... Überzeugend im Zusammenspiel waren Renate Sander am Flügel (11 Jahre alt) und Robert Reitberger, Blockflöte (9 Jahre). Am nettesten waren ihre ‚Salzburger Weisen' in Schnaderhüpferl-Art, flott, lebendig und recht exakt."

Achtjährig hat Robert ein kleines Cello bekommen, dessen Klang ihn allerdings nicht zufrieden stellte. Deshalb tauschte er es schon bald gegen ein eigentlich zu großes ganzes Cello ein. Unterricht erhielt er bei seinem Vater, der zu Anfang die „Praktische Violoncell-Schule" von Josef Werner benutzte, nach der er selbst als Kind auch gelernt hatte. Nach alter Manier enthält schon das erste Heft immense technische Schwierigkeiten. So werden zum Beispiel schon auf der ersten Heftseite Viererbindungen über zwei Saiten verlangt. Des Weiteren muss sich der Anfänger mit vielfältigen Bogentechniken wie Arpeggien über vier Saiten, Détaché, Spiccato und Martelé auseinandersetzen, die in langen Etüden erübt werden. Auch die Beispiele aus der Musikliteratur sind schon recht anspruchsvoll. Da Roberts Vater neben jede Nummer der Schule ein Datum notiert hat, weiß man, dass Robert das ganze Heft innerhalb von nur vier Wochen durchgearbeitet hat!

Er erzählte mir, dass er schon Partituren las, bevor er in die Schule kam, und sogar bevor er Texte lesen konnte. Man mag den Eindruck bekommen, dass Robert seine musikalischen Fähigkeiten schon mit auf die Welt gebracht hat und nur auf die körperlichen und instrumentalen Möglichkeiten wartete, sie endlich in die Tat umzusetzen.

Wolfgang hat an Roberts musikalische Jugend folgende Erinnerung, die er in einer Kurzbiographie mit dem Titel „Lieber Freund – großer Musiker" niedergeschrieben hat:

„Als das Flensburger Sinfonieorchester auch wieder für das deutsche Publikum musizieren durfte – in den ersten Monaten war es ohne Ausnahme den Besatzungsmächten vorbehalten – konnte man bei den meisten Proben und Aufführungen zwei schmächtige Jungen beobachten, die eifrig zuhörten und in mitgebrachten Partituren blätterten. Das waren Robert und ich. Durch unsere Väter und durch das Wohlwollen des Städtischen Musikdirektors Otto Miehler, einem vorzüglichen Münchner Musiker, war es uns oft erlaubt, der Arbeit des Orchesters beizuwohnen. Trotz schwierigster Verhältnisse kamen damals hervorragende Solisten nach Flensburg: Zum Beispiel Elly Ney, die große, alte damalige Beethovenspielerin, desgleichen Erik Then-Bergh oder der unvergessliche Wilhelm Kempff mit seinem Spiel von Beethoven, Mozart und Schumann. Als Geiger präsentierte sich Gerhard Taschner, als Cellosolist der Franzose Paul Tortellier. Mehrmals lauschten wir der berühmten Altistin Emmy Leisner. Wir fühlten uns wie im musikalischen Himmel. Die großen Sinfonien Beethovens, Brahms´ und Bruckners begeisterten uns immer wieder. Spannend war es auch, die Werke kennen zu lernen, die so viele Jahre während der Nazizeit aus dem deutschen Musikleben verbannt worden waren, zum Beispiel die Schottische Sinfonie und das Violinkonzert von Felix Mendelssohn-Bartholdy, ebenso eine Reihe von Meisterwerken der Neuzeit.

Auch teilten wir eine andere musikalische Leidenschaft: die Orgelmusik. Flensburg besaß wertvolle Orgeln, die den Krieg unversehrt überstanden hatten. Vor allem in der Nikolai-Kirche, dem größten Kirchenraum in Flensburg, veranstaltete der später so bekannte Organist und Kirchenmusiker Dr. Hans Klotz seine großen Orgelabende mit Werken von Joh. Seb. Bach und Max Reger. Während ich irgendwo in der kalten Kirche auf einer Kirchenbank hockte, stand der kleine Robert neben dem großen Orgelmeister und assistierte in der schwierigen

Kunst des Registrierens. Damals war er etwa dreizehn Jahre alt."

Neben Hans Klotz in der St. Nikolaikirche war Ilse Struck in der St. Johanniskirche eine gute und aktive Kirchenmusikerin und Organistin in Flensburg. Bei der Leitung des Kirchenchores hatte sie regelmäßig mitwirkende Instrumentalisten, mit denen sie Kantaten und Teile von Oratorien und Passionen in Flensburg und in Kirchen der Umgebung aufführte. Von Kindesbeinen an hat Robert unter Ilse Struck niveauvolle Kirchenmusik kennen und lieben gelernt.

Mit vierzehn Jahren war er schon so weit, dass er zur Aushilfe bei den Flensburger Philharmonikern mitspielen durfte, übrigens neben Klaus Haeussler, der später Cellist der Berliner Philharmoniker wurde. Als Robert sechzehn Jahre alt war, beendete er seine recht unglückliche Schulzeit am Flensburger Gymnasium, um das Musikstudium aufzunehmen. Er ging im Jahre 1950 zu dem ehemaligen Casals-Schüler Professor Artur Troester nach Hamburg, musste allerdings aus finanziellen Gründen weiterhin zu Hause in Flensburg wohnen. Täglich fuhr er von Flensburg nach Hamburg mit dem Zug und ging dann mit seinem Cello vom Dammtorbahnhof zur Musikhochschule in der Milchstraße zu Fuß, um zwanzig Pfennige Straßenbahngeld zu sparen. Abends hatte er Orchesterdienst in Flensburg, um sein Studium mit zu finanzieren.

Während dieser Zeit gründete Robert in Flensburg ein Instrumentalensemble, dem etwa zehn Streicher und nach Bedarf einzelne Bläser und ein Cembalist angehörten. Das Ensemble nannte sich offiziell „Pro Musica", intern aber „RoRei und seine Solisten". Die Programme setzten sich meistens aus Kompositionen der Barockzeit zusammen: Vivaldi, Telemann, Pachelbel und viele Werke von Bach, dessen Schaffen für Robert von jeher heilig war. Die Orchestersuiten von Bach nahmen immer einen bevorzugten Platz ein und wurden von Robert, wie die meisten anderen Werke auch, für die Möglichkeiten der vorhandenen Besetzung umgeschrieben. Im Übrigen konnte man in dieser Zeit nur in sehr eingeschränktem Maß Noten kaufen, so dass Robert sie auslieh und auf Zugfahrten oder in der Nacht zu Hause abschrieb beziehungsweise bearbeitete. Aus diesen Jahren ist ein unermesslicher Notenschatz in bester, druckreifer Schrift erhalten! Geprobt wurde unter den unterschiedlichsten Bedingungen und an den verschiedensten Orten. Meistens dauerten die Proben sehr lange, vier bis fünf Stunden, unterbrochen nur durch den Wechsel der Werke.

Schon damals paarte sich Roberts unübertrefflicher Enthusiasmus für die Musik mit seinem typischen Humor: Manchmal musste Robert zu seinem Unterricht in Hamburg sehr früh morgens aufbrechen. Eines Abends hat er dann den „RoReis" auf dem Cello eine „Phantasie über die morgendlichen Geräusche" vorgespielt: Wekkerklingeln, Schritte von Frühaufstehern, An- und Abfahren von Straßenbahnen, Vogelgesang, dann der Bahnhof mit seiner Halligkeit, Abpfiff und Zischen von anfahrenden Lokomotiven bis zu den Geräuschen der damals noch so rumpeligen Fahrten nach Hamburg. Dazu gehörte auch, dass Robert alle Straßenbahnnummern nach Gehör schon aus der Ferne erkannte - er wusste genau, dass die Nummer 22 am Südermarkt mit „a" um die Ecke quietschte.

Das Ensemble „Pro Musica" konzertierte regelmäßig mit Erfolg in Flensburger Kirchen. Eines Abends war ein Konzert in der Heiligen-Geist-Kirche angekündigt. Es wurde kurzfristig abgesagt, aber im Flensburger Tageblatt stand danach eine besonders positive Kritik des zuständigen Kritikers mit Namen Fritz Hans Schulze (FHS). In der nächsten Probe gab Robert eine gelungene Fuge über die Töne F-H-Es zum Besten. Leider waren diese klanglichen Erzeugnisse nur spontan und für den Augenblick gemacht.

Robert hatte immer ein sehr persönliches Verhältnis zu seinen Instrumenten. Eines Tages nahm er zur Orchesterprobe sein ganz einfaches Schülercello mit. Er bedauerte, dass seine Kollegen sich über den eigenartigen Ton ärgerten, begründete seine Entscheidung aber mit den Worten: „Das arme Cello stand immer so traurig und unbenutzt in der Ecke."

Zahlreiche Zeitungskritiken zeugen von Roberts aktiver Konzerttätigkeit in seiner Flensburger Zeit, die er neben allen anderen Verpflichtungen wie Studium und Orchesterdienst ausübte. 1951 dokumentierte ihm das Flensburger Tageblatt einmal mehr seine Ausnahmebegabung:

„Im instrumentalen Teil hörten wir ... das Konzert in D-Dur für Cello und Orchester von J. Haydn. Der Solist des Konzertes, Robert Reitberger, ist unbestreitbar ein großes Talent. Sein technisches Können und seine Musikalität stehen weit über dem, was man allgemein von einem so jungen Künstler erwarten darf ..."

Als Robert 1953 die Stelle bei den Bamberger Symphonikern bekam, notierte das „Flensburger Tageblatt" am 19. 8. des Jahres zu einem Orchesterkonzert des Flensburger Mädchengymnasiums:

„Wir nehmen dankbar Abschied von dem jungen Flensburger Cellisten Robert Reitberger, der in das Bamberger Sinfonie-Orchester berufen ist ... Im Mittelpunkt standen zwei anspruchsvolle Werke: Dem in Wohllaut getauchten Cello-Konzert von Haydn wurde Robert Reitberger in blendendem, bis ins Letzte hingebend ausgefeiltem Spiel gerecht. Kein Wunder, daß das Orchester mit Begeisterung und Präzision begleitete – einen solchen jugendlichen Solisten bekommt es so leicht nicht wieder ..."

Mit dem Bamberger Orchester und seinem Chef Joseph Keilberth hat Robert viele Reisen unternommen, unter anderem nach Mexiko und Kuba. Dabei wurde er an der Grenze gestoppt, weil die Grenzbeamten meinten, er könne noch nicht das Alter eines Orchestermusikers haben! Nach dem Abflug von Kuba geriet das Flugzeug in eine starke Turbulenz, die eine bleibende Flugangst für Robert zur Folge hatte. Da das Bamberger Orchester in seiner Existenz von Auslandsreisen abhängig war, die immer mit Fliegen verbunden waren, wünschte sich Robert eine berufliche Veränderung.

1954 wechselte er nach erfolgreichem Probespiel zum Gürzenich-Orchester der Stadt Köln. Der Chefdirigent für Konzerte war Günter Wand, in der Oper dirigierten der Generalmusikdirektor Otto Ackermann und Professor Wolfgang von der Nahmer. Opern wurden in der Universitätsaula aufgeführt, da das Opernhaus nach der Zerstörung im Krieg noch nicht wieder aufgebaut worden war. Roberts junges Alter und seine große Begabung haben ihm durchaus nicht immer Beliebtheit bei den Kollegen eingebracht. So kaufte sich Robert während seiner Orchestertätigkeit von nahezu jedem Werk eine Partitur und trug sie bei sich, um in der Probe an passender Stelle einen Kommentar abzugeben. Je älter Robert wurde und je souveräner ein Dirigent war, desto willkommener waren diese Hinweise. Die Orchesterkollegen verblüffte Robert gelegentlich, wenn er in Proben eine schwierige Geigenstelle mühelos bis in höchste Lagen auf dem Cello spielte.

Als Robert im Herbst 1956 zur Bayerischen Staatsoper München ging, stellte ihm Professor Günter Wand ein hervorragendes Zeugnis aus. Der Münchner Chef war Ferenc Fricsay, die Aufführungen fanden im Prinzregententheater statt. Robert hat hier unter Knappertsbusch seinen ersten „Ring des Nibelungen" gespielt. Als der Dirigent Robert zum ersten Mal sah – mager, in kurzen Hosen – sagte er böse: „Seit wann haben wir Kinder im Orchester?" Schnell ließ er sich jedoch durch Roberts Cellospiel davon überzeugen, dass dieses „Kind" zu Recht an seinem Platz saß! Robert hat sich, unter anderem aus klimatischen Gründen, in München nicht sehr wohl gefühlt und ergriff die Chance, in Zürich zu arbeiten.

Im Frühjahr des Jahres 1958 begann er seinen Dienst im Tonhalle-Orchester, nun zum ersten Mal als Solocellist. Dass Robert in dieser Zeit wie so oft neben seinem Orchesterdienst als Solist auftrat, bezeugt eine Züricher Zeitungskritik:

„Wenn der Solocellist der Theaterformation des Tonhalle-Orchesters, der Nachfolger des verstorbenen Fritz Hengartner, zum ersten Mal in einem offiziellen Konzert der Tonhalle-Gesellschaft auftritt, sollte man das Interesse der musikliebenden Zürcher voraussetzen dürfen. Leider war aber die zweite Kammermusik-Matinee noch schlechter besucht als die erste ... Robert Reitberger, geboren und ausgebildet in Deutschland, bisher auch in dortigen Orchestern tätig, konzertiert seit seinem elften Lebensjahr. Der jetzt Fünfundzwanzigjährige ist sich der

Qualität seines sehr kantablen und schlackenreinen Tones bewußt und wählte sich deshalb zwei weniger bravouröse als melodienselige Sonaten: Beethovens dritte in A-Dur op. 69 und die erste von Brahms in e-Moll op. 38. Reitberger gewinnt durch seine lebendige Musizierfreudigkeit, seine beherrschte Bogenführung und die reine Intonation der Höhe und der Doppelgriffe. Sehr tragfähig sind auch seine Pizzicati ..."

Obwohl Robert gerne in Zürich war, hatte er doch Bedenken, auf die Dauer als Ausländer in der Schweiz zu arbeiten; es war auch damals nicht selbstverständlich, eine Arbeitsgenehmigung zu erhalten. Deshalb entschloss er sich, wieder in seine Heimat Norddeutschland umzuziehen, als in Hamburg eine Stelle im Orchester frei wurde. Das bei seinem Ausscheiden aus dem Züricher Orchester ausgestellte Zeugnis verdeutlicht die Wertschätzung, die man Robert entgegengebracht hat:

„Sehr geehrter Herr Reitberger, ... wir möchten nicht unterlassen, Ihnen bekannt zu geben, daß wir von Ihren künstlerischen Leistungen einen ausgezeichneten Eindruck erhalten haben. Kapellmeister und Mitglieder der Gesellschaftsbehörden konnten sich stets von Ihrem wirkungsvollen Einsatz und Ihrer intensiven Führung der Cellogruppe überzeugen ..."

So begann Robert beim Philharmonischen Staatsorchester Hamburg 1960 wieder als Tutticellist. Dies war eine Position, die seinen außerordentlichen Fähigkeiten auf die Dauer nicht adäquat war.

In den 60-er Jahren unternahm er einige Reisen als Solist mit dem Würzburger Kammerorchester unter der Leitung von Dr. Hermann Ruperti unter anderem nach Spanien und Portugal. Mit diesem hochkarätigen Ensemble spielte er das Cellokonzert in g-Moll von Georg Mathias Monn und das D-Dur-Konzert von Joseph Haydn.

In dieser Zeit interessierte sich ein Kölner Konzertagent, Joachim Delseit, für Robert und machte mit ihm einen Alleinvertretungsvertrag als Solist. Die erfolgreiche Zusammenarbeit endete aber nach kurzer Zeit durch Delseits Tod.

In Hamburg arbeitete sich Robert langsam nach vorne. Es gab einige Konkurrenzkämpfe mit den „Alteingesessenen", aber die Dirigenten waren begeistert von Roberts Leistung. Anfangs war Leopold Ludwig der Generalmusikdirektor, später kam Wolfgang Sawallisch für die Konzerte. In dieser Zeit machte die Hamburger Oper viele bedeutende Reisen, beispielsweise nach London mit der Oper „Lohengrin" – es sangen Elisabeth Grümmer und Wolfgang Windgassen – und nach Mailand mit Werken von I. Stravinsky, der selbst dirigierte. Weitere Reisen führten nach Warschau, Helsinki und Tokio.

1967 wurde Robert eine besondere Auszeichnung zuteil: Er wurde Erster Solocellist im Festspielorchester Bayreuth, wo er in dieser Position dreiundzwanzig Jahre lang jeden Sommer spielte. Während der Festspielzeit gab es gelegentlich freie Tage zwischen den Proben und den Premieren. Diese Zeit nutzte Robert zu Kammer- und Kirchenkonzerten, denn „Freizeit" ohne Musik war für ihn kaum denkbar. Es sei ein Konzert herausgegriffen, das in der Tageszeitung „Nachrichten aus Bayreuth" am 30. Juli 1972 wie folgt beschrieben wird:

„Mit Herzblut und heiligem Zorn
Robert Reitberger und Gudrun Bestmann spielten für die Stipendienstiftung:

... Robert Reitberger ist ein fulminanter Techniker und darüber hinaus ein Gestalter von höchster Sensibilität. Die Gefühlswerte der jeweils gespielten Musik werden über den eigenen Erlebnisprozeß aufs Instrument destilliert, da erklingt kein Ton, der nicht geradezu körperlich durchpulst ist ... Die kontrapunktisch vergleichsweise unproblematische Sonate Nr. 2 in D-Dur von J. S. Bach erfüllt Robert Reitbergers großer und nobler Ton mit weit schwingenden Melodiebögen ... Der Sanguinismus Haydns treibt in der seltener zu hörenden Sonate C-Dur eine Vielzahl klanglicher Blüten, die Reitbergers Differenzierungsvermögen in reichhaltiger Farbskala präsentierte. Die unter dem Beinamen ‚Arpeggione' mehr bekannte Sonate in a-Moll von Franz Schubert ist auf reinen Schönklang konzentriert, auf gemütvolle Wärme und melodienselige Kantabilität. Bei diesem Werk trat zuweilen eine leichte Divergenz der Partner zutage: Während Robert Reitberger schwelgerisch den Ton formte, den wundervollen Gesang des Binnensatzes wahrhaft mit Herzblut zelebrierte und mit zehrender Expressivität Schubertsche Empfindungstiefe auftat, blieb Gudrun Bestmann um einige Nuancen zu kühl, zu unbewegt gegenüber der Ausdruckstiefe des voll ausgeschöpften Celloparts.

Zum Abschluß zwei Mal Beethoven. Im solistisch aufgewerteten Klavierpart war die Pianistin in ihrem Element, setzte vehemente Kontrapunkte, nicht nur beim geistreichen Variationenspiel über Mozarts ‚Bei Männern, welche Liebe fühlen', sondern vor allem bei der Sonate Nr. 5 in D-Dur, einem Werk von aggressiver Dramatik im ersten Satz. Da loderte auch in Robert Reitbergers energischem Strich etwas von Beethovens heiligem Zorn, der sich im herrlich gespielten Adagio sublimierte zur tönenden Vorahnung der unendlichen Melodie."

Da es leider nur wenige Aufnahmen von Roberts Spiel gibt, die dazu in ihrer technischen Qualität teilweise recht unzulänglich sind, müssen die Worte dieser Zeitungskritik genügen, die ahnen lassen, in welcher künstlerischen Dimension sich Robert bewegte.
Robert fand seine Leistung in Hamburg nicht genügend gewürdigt und bewarb sich 1969 an der Deutschen Oper Berlin, wo er, nach glanzvoll bestandenem Probespiel, die Stelle des Ersten Solocellisten mit Sondervertrag bekam. Als das im Hamburger Orchester bekannt wurde, gab es ein großes Erwachen, und Wolfgang Sawallisch setzte sich persönlich dafür ein, dass Robert zum Bleiben bewegt wurde. Man bot ihm auch in Hamburg den Platz des Ersten Solocellisten und dazu einen Sondervertrag an. Er nahm das Angebot an, musste aber dennoch den Berliner Vertrag erfüllen. (Einem noch erhaltenen Proben- und Vorstellungsplan kann man entnehmen, dass innerhalb einer Woche sechs verschiedene Opern gespielt wurden: Tristan und Isolde, Elektra, Don Giovanni, Tannhäuser, Ariadne auf Naxos und Fidelio!) So blieb Robert der Hamburger Staatsoper erhalten, deren langjähriger Solocellist er bis zu seiner Pensionierung war. Allerdings musste er 1970 fast ein Jahr lang zusätzlich zu seinen sommerlichen Verpflichtungen in Bayreuth beide Posten eines Solocellisten in der Hamburger Staatsoper und in der Berliner Oper bestreiten. Die Fluggesellschaften verdienten damals viel Geld an ihm.
In Hamburg hatte Robert als Solocellist große musikalische Möglichkeiten; einige besondere Ereignisse seien herausgegriffen. Mehrmals spielte Robert als Solist mit „seinem" Orchester, so zum Beispiel 1970 das Cellokon-

zert D-Dur von Joseph Haydn in einem Sinfoniekonzert des Philharmonischen Staatsorchesters unter Wolfgang Sawallisch. Im Mai 1973 sind Robert und sein Konzertmeister-Kollege Ernesto Mampaey kurzfristig als Solisten für Igor Besrodni und Michail Chomitzer in einem Philharmonischen Konzert eingesprungen. Auf dem Programm stand das Doppelkonzert von Brahms. Infolge eines Motorschadens am Verkehrsflugzeug konnten die beiden russischen Musiker nicht rechtzeitig aus Ostsibirien anreisen. Das Konzert war dennoch ein großer Erfolg! 1977 haben die beiden Solisten dasselbe Werk noch einmal mit dem Orchester der Hansestadt Lübeck unter dem Dirigenten Matthias Kuntzsch aufgeführt.

Berühmt beim Hamburger Publikum waren die Cellosoli, die Robert in der Staatsoper spielte. So bemerkte die „Welt" am 19. 2. 1980 über eine Don Quichotte-Aufführung von Massenet:

„Massenets ‚Heroische Komödie' ist in ihren Noten alles andere als heroisch: melodisch-lyrisch und von samtener Diskretion; von vornehmer Verhaltenheit in der stillsten Sterbeszene aller Opernliteratur, welcher das elegisch-schöne Zwischenspiel mit dem großen Cello-Solo vorangeht. (Robert Reitberger – den das Programmheft nicht nennt, während spaltenlang jeder Chorsänger aufgeführt ist – spielte es mit nobler Zartheit des Tons, herrlich atmender Phrasierung) ..."

Wenn Robert im „Don Carlos" sein großes Solo bis ins äußerste Pianissimo führte, schien das ganze Opernhaus ergriffen den Atem anzuhalten.

Robert machte sich in vielen Partituren handschriftliche Vermerke. In der Partitur von „Don Quixote" von Richard Strauss steht geschrieben: „Dieses Werk habe ich zum ersten Mal in Köln am 16. April 1956 gespielt, Städtisches Gürzenich-Orchester Köln unter der Leitung von Professor Günter Wand. Solist: Pierre Fournier, Cello."

Am 18. 2. 1980 konzertierte das Hamburgische Staatsorchester mit diesem Musikstück in der Musikhalle unter Aldo Ceccato. Das Hamburger Abendblatt schrieb dazu:

„... Für ein Orchester mit so fabelhaften Solisten sind die vielen Bravouraufgaben im ‚Don Quixote' von Richard Strauss natürlich eine Wonne: an der Spitze die geradezu aristokratische Cello-Stimme Robert Reitbergers in der Titelrolle ..."

Robert hat seine wahrhaft langjährige Arbeit im Orchester stets mit vollem Engagement und gegebenenfalls auch trotz Krankheit geleistet. Nichts hat Robert mehr gehasst als „Beamtenmentalität" von Musikern, Mittelmäßigkeit und seiner Meinung nach fehlenden Enthusiasmus. Als er mit seiner Berufstätigkeit begann, war das Ansehen von Musikern nicht sehr hoch, die Bezahlung bescheiden und während der Urlaubszeit nicht durchgehend, so dass viele Musiker, so auch Roberts Vater, im Sommer in Kurorchestern spielten. Mit dem Wirtschaftswachstum in den 60-er, 70-er und 80-er Jahren änderte sich diese Situation, dennoch hatten und haben viele Menschen einen falschen Eindruck vom Musikerberuf. „Wenn Sie abends in der Oper spielen, was machen Sie denn dann den ganzen Tag?" wurde Robert oft gefragt. Eine von Robert erzählte wahre Begebenheit, die man auch als Witz zum Besten geben könnte: Robert fuhr mit seinem Cello zum Dienst und wurde von einem mitfahrenden Mann gefragt: „Was für ein Instrument haben Sie da?" Robert antwortete: „Ich bin Orchestermusiker, das ist ein Cello." Darauf der Mann: „Was, Sie spielen nur Cello?? Mein Onkel spielt sieben Instrumente, und alle Lieder ohne Noten."

Robert hat neben dem „Dienst" lebenslang Kirchen- und Kammerkonzerte an vielen Orten und in vielen verschiedenen Ensembles gespielt. Wie er selbst in einer Beschreibung seines Lebenslaufes für ein Konzertprogramm schrieb, hielt er solistische Auftritte und Kammermusik für eine wichtige Anregung für den Orchesterdienst. Er hat bis kurz vor seinem Tod nahezu täglich, auch in den Ferien, stundenlang geübt. Dabei gab es in der Intensität seines Spiels und in seiner Gestik und Mimik keinen Unterschied zu großen Bühnenauftritten. „Show" und andere Äußerlichkeiten waren ihm wesensfremd. Für ihn zählte das unmittelbare Erleben im Entstehen der Musik, wohl deshalb wollte er immer lieber in einem Opern- und Konzertorchester arbeiten als in einem Rundfunkorchester.

Wie sehr sich Robert mit jedem einzelnen Konzert identifizierte, kann man daran erkennen, dass er Programme, Termine, Konzertorte, Solisten und Dirigenten nach Jahrzehnten noch memorieren konnte. Gelegentlich verblüffte er Gastdirigenten, indem er ihnen genau sagte, wann und mit welchem Programm sie zuletzt in Hamburg dirigiert hatten.

Ein kammermusikalischer Höhepunkt war 1972 ein Philharmonisches Kammerkonzert mit Wolfgang Sawallisch als Pianist. Zusammen mit Ernesto Mampaey, Winfried Laatz, Hirofumi Fukai und Robert spielte Sawallisch das Klavierquartett B-Dur von Carl Maria von Weber und das Klavierquintett A-Dur op. 81 von Dvořák – ein großes Vergnügen für das Hamburger Publikum.

In Dänemark gab Robert in den 70-er und 80-er Jahren regelmäßig Kammerkonzerte, unter anderem mit seiner Tochter, der Pianistin Marie-Louise Reitberger und seiner ersten Frau Lisa Andersson als Sängerin.

Außer der projektartigen Arbeit in wechselnden Formationen gehörte Robert einer Reihe von festen Ensembles an:

Viele Jahre lang spielte er jeden Herbst im Festival-Ensemble von Wolfgang Marschner in Hinterzarten, wo ausschließlich Hochkarätiges zu hören war.

Über zwölf Jahre lang konzertierte er regelmäßig im In- und Ausland mit dem Haydn-Quartett, das sich aus Mitgliedern des Philharmonischen Staatsorchesters zusammensetzte: Werner Hansen (1. Violine), Mayumi Shimizu (2. Violine), Martin Ledig (Viola) und Robert Reitberger (Violoncello). Die Arbeit endete 1992.

Von 1991 bis 2000 leitete Robert zusammen mit mir, seiner Frau, das „Kammerorchester Johann Sebastian Bach Hamburg". Zu meiner großen Freude und Bereicherung traten wir beide mit diesem Orchester als Solisten auf. Robert war Experte im „Ausgraben" schöner, unbekannter Werke, und so konnten wir in einer Art „Pas de Deux" die Sinfonia Concertante A-Dur von Johann Christian Bach für Solovioline, Solocello und Orchester miteinander musizieren. Robert liebte es, in diesem Orchester ohne Dirigent, sozusagen kammermusikalisch, zu spielen. Dies schärft die Sensibilität für die anderen Stimmen und damit das Zusammenspiel. Roberts Lieblingskomponisten waren J. S. Bach, Ludwig van Beethoven und Johannes Brahms. Aber er beschäftigte sich in besonderer Weise auch mit der Musik Skandinaviens, vor allen Dingen mit Jean Sibelius, von dem er meinte, er würde in Deutschland nicht genügend gewürdigt. In unserem Kammerorchester spielten wir manches skandinavische Kleinod, so zum Beispiel die Kleine Serenade für Streicher op. 12 von Lars-Erik Larsson (1908 – 1986).

Das Orchester bestand aus etwa fünfundzwanzig Mitgliedern, teilweise sehr guten Laien, mit denen wir allwöchentlich probten. Roberts Proben hatten immer etwas Besonderes durch ihre große Intensität. Robert ruhte nicht, bis er den Klang hörte, den er sich vorgestellt hatte. Dabei war er immer eilig und atemlos, er wollte etwas schaffen. Wenig Verständnis hatte er für Verspätungen oder gar Probenabsagen. Dann fühlte er sich persönlich beleidigt, denn er selbst kam sogar bei schwerer Krankheit unermüdlich zur Probe. Probenpausen waren ihm nur unter Schwierigkeiten abzuringen.

Wenn er eine Taktzahl für einen Neuanfang ansagte, wartete er ungeduldig oder überhaupt nicht, bis alle die Stelle gefunden hatten. Besonderen Wert legte er auf weiches und leises Spiel, und: „Man darf den Ton nicht in der Pause wie mit einem Schalter abstellen, er muss weiterschwingen." Robert war darin ein Meister; durch seine inspirierende und unnachgiebige Probenarbeit holte er Erstaunliches aus dem Orchester heraus. Seine verbalen Anregungen waren dabei nicht immer zimperlich. Besonders Vergleiche mit Zügen liebte er: Wenn das Orchester beim Einsatz nicht zusammen war, meinte er manchmal, das sei wie bei einem Güterzug, der sich beim Anfahren „streckt".

Wenn Robert Werke von Bach probte, dann ließ er besonders gern die Mittelstimmen allein spielen, zum Beispiel bei der berühmten Air aus der D-Dur-Suite, um die Großartigkeit der Komposition zu demonstrieren und um das Zusammenspiel bewusster werden zu lassen. Er machte auf die kontrapunktischen Besonderheiten aufmerksam, nicht durch schulmeisterliche Analyse, sondern durch das direkte Klangerlebnis. Dass er manchmal bei der Arbeit die Menschen um sich herum vergaß und nur noch in der Musik lebte, merkte man, wenn er die Mitglieder des Orchesters plötzlich in alter Berufsorchesterart mit „meine Herren" anredete. Dabei hatten wir einen deutlichen „Überhang" an jüngeren und älteren Damen!

Der Schluss der Probe war immer etwas Besonderes: In übergroßer Bescheidenheit bedankte sich Robert beim Orchester und lobte die guten Fortschritte. Roberts Liebe zur Musik überwog die Unzulänglichkeiten des laienhaften Spiels, die Freude am gemeinsamen Musizieren stand immer im Vordergrund. Selbstlos und ohne jede Eitelkeit spielte er mit vollem Einsatz.

Den Höhepunkt seiner Konzerttätigkeit hatte das Orchester bei einer Ungarn-Tournee, wo es unter anderem im Schloss Esterhazy in Fertöd auftrat. Auf dem Programm standen die Orchestersuite C-Dur von J. S. Bach in Roberts Fassung für Streicher, das Cellokonzert C-Dur von J. Haydn, zwei Walzer von A. Dvořák und ein Konzert für Piccoloflöte und Fagott (hier Violoncello) von A. Vivaldi. Robert überraschte uns, indem er im ersten Satz des Haydn-Konzertes eine dem Orchester unbekannte Solokadenz unter Verwendung von Themen aus der 9. Sinfonie von Beethoven spielte. Als Konzertmeisterin saß ich trotz des Hörgenusses auf heißen Kohlen, bis ich endlich eine bekannte Passage und den Schlusstriller hörte.

In einer außergewöhnlichen Besetzung spielte Robert mit meinem Bruder, dem Gitarristen Andreas Schumacher. Seit 1992 probten und konzertierten die beiden Musiker im Raum Hamburg, in Süddeutschland und in der Schweiz mit Werken für Violoncello und Gitarre aus allen Stilepochen; ein Schwerpunkt war dabei lateinamerikanisch-spanische Musik, für Robert interessantes „Neuland". Die Fahrten zu meinem Bruder, der in Freiburg wohnt, genoss Robert trotz ausgedehnter Probenarbeit wie einen Urlaub. Die schöne Landschaft verleitete ihn zu langen Spaziergängen, und abends ging er gerne essen und danach mit Andreas Salsa tanzen. Er beherrschte die Tanzschritte zwar nicht, schaute aber fasziniert zu und machte selbst improvisierte Bewegungen im Rhythmus der Musik. Für ihn eine interessante, neuartige Welt! Zum letzten Mal konzertierten die beiden gemeinsam im Frühjahr 1999 in der Schweiz, danach ließ Roberts Krankheit die weite Fahrt als zu riskant erscheinen. Andreas erinnert sich an lange vertrauensvolle Gespräche mit seinem dreißig Jahre älteren Schwager, den er in wichtigen Lebensfragen um Rat bat.

Robert hat niemals aufgehört, neue Impulse für sein musikalisches Leben aufzunehmen und selbst Neues zu beginnen. So gründete er 1997 ein neues Quartett mit Mayumi Shimizu (1. Violine), Ursula Reitberger (2. Violine), Dorothee Vieth (Viola) und Robert Reitberger (Violoncello). Wir gaben uns nach unserem als erstes erarbeiteten Werk, dem „Rosamunde"-Quartett, den Namen „Schubert Quartett". Mit großem Enthusiasmus probten wir stundenlang in konstruktiver und bemerkenswert harmonischer Weise. Roberts Kommentare waren vorsichtig, sparsam, aber immer wegweisend. Rasch erarbeiteten wir ein umfangreiches Repertoire von Telemann bis Hindemith und hatten unser erstes Konzert erst eineinhalb Jahre nach Beginn der Probenarbeit, so dass das Zusammenspiel in Ruhe reifen konnte. Roberts Krankheit kam auch für das Quartett wie ein Donnerschlag und beendete eine überaus schöne und fruchtbare Arbeit mit einem Konzert am 2. 10. 2000 im Rissener

Krankenhaus als Dank für die dort erhaltene Hilfe. Robert war noch recht schwach von der gesundheitlichen Krise im Sommer 2000. Eine Zuhörerin sagte später, Robert habe gespielt, als sähe er den Himmel offen.

Roberts letztes Konzert war zwei Wochen vor seinem Tod das Weihnachtsoratorium am 23. 12. 2000 in der Hamburger Musikhalle unter Michael Schönheit mit dem Carl Philipp Emmanuel Bach Chor.

Interview

Im Jahr 1990 wurde für den dänischen Rundfunk ein Interview mit Robert aufgezeichnet, in dem Robert über seine Arbeit im Bayreuther Festspielorchester sprach. Da in dem Interview Roberts Erfahrungen mit weltbekannten Musikerpersönlichkeiten beschrieben werden, sei ein Auszug daraus zitiert. Der Interviewer ist Hans Skaarup, Programmmitarbeiter im Dänischen Rundfunk.

<u>Interviewer:</u> Robert Reitberger, du hast jetzt bald dreißig Jahre in Bayreuth gespielt. Wie ist das eigentlich zustande gekommen, wie kommt man nach Bayreuth? Sucht man so eine Stelle?

<u>Robert Reitberger:</u> Das Orchester ist ja aus vielen deutschen Orchestern zusammengesetzt, und es ist mehr eine Empfehlung, durch die man in dieses Orchester hineinkommt. Es spielen Kollegen aus dem eigenen Orchester in dem Festspiel-Orchester, und die sagen dann, wir haben da einen guten Cellisten oder Oboisten, und der wird empfohlen. Und dann kommt man nach Bayreuth, wenn da gerade eine Vakanz ist. Man wird ein Jahr ausprobiert, also ein Jahr Probezeit beziehungsweise eigentlich nur ein Sommer, und dann entscheiden die führenden Leute der Gruppe, ob man bleibt oder nicht. Die Dirigenten geben vor allem bei Solocellisten, Konzertmeistern und so weiter, also bei Solisten des Orchesters, ein entscheidendes Urteil ab. Es wurde früher immer vorausgesetzt, daß man das gesamte Wagner-Repertoire kennt, aber heute ist das schon etwas anders durch die Kollegen aus den Rundfunkorchestern, die ja in den we-

nigsten Fällen mit dem Repertoire der Bayreuther Festspiele vertraut sind.

Du hast angefangen im Jahre 1960 ...

Im Jahre 1961. Das muß ich erzählen, weil inzwischen ein großer Generationswechsel stattgefunden hat. Damals dirigierte Knappertsbusch, er machte den „Parsival", Josef Krips machte die „Meistersänger", Sawallisch, damals mit 36 Jahren noch ein junger Mann, machte „Tannhäuser" und den „Fliegenden Holländer". Sawallisch wurde im folgenden Jahr Generalmusikdirektor unseres Orchesters (ich bin Solocellist der Hamburger Philharmoniker). Damals war es noch eine große Sensation, daß zum ersten Mal eine schwarze Sängerin im Festspielhaus sang, was noch nie vorgekommen war seit Bestehen der Festspiele, und zwar war das Grace Bumbry. Sie sang die Venus.

Den „Ring" dirigierte damals Rudolf Kempe, das war ja schon ein etablierter Dirigent, der nach dem Kriege Generalmusikdirektor der Dresdner Staatskapelle und später Generalmusikdirektor der Bayrischen Staatsoper in München wurde. Er dirigierte den „Ring" damals drei oder vier Jahre.

Ich kam 1967 als Solocellist in dieses berühmte Festspielorchester, wurde durch einen Zufall verpflichtet. Ein Kollege von der Deutschen Staatsoper in Ostberlin durfte wegen der politischen Verhältnisse nicht mehr ausreisen, da hat man mich kurzfristig durch Empfehlung von Kollegen verpflichtet.

Wie war es, unter Knappertsbusch zu spielen? Er vertritt ja die ganz alte Tradition in Deutschland, al-

so eigentlich die Tradition, die vor dem Ersten Weltkrieg entstanden ist.

Er war damals ja schon ein älterer Mann und man muß dazu sagen, daß er vorher nie in Bayreuth dirigiert hatte: Erst bei dem Neubeginn in Bayreuth 1951 dirigierte er zum ersten Mal. Er hat in den folgenden Jahren „Parsival", den „Ring" und, soweit ich weiß, „Lohengrin" gemacht. Ich hatte ihn schon ein paar Jahre vorher in der Staatsoper in München kennengelernt (ich war dort zwei Jahre im Staatsorchester), und ich muß sagen, er war ein Dirigent der großen Tradition, wie man heute sagt. Karajan war jetzt der letzte dieser Generation, Furtwängler gehörte dazu, Erich Kleiber früher, und so weiter.

Knappertsbusch hatte eine ganz besondere Art zu musizieren. Was er dirigierte, liebte er sehr. Er konnte auch verletzend werden, wenn er merkte, ein Musiker oder ein Sänger wollte nicht so auf seine Intentionen eingehen. Außerdem war Knappertsbusch berühmt dafür, daß er so wenig probte. Er sollte damals für den Parsival drei Bühnen-/Orchester-Proben haben und es stand alles auf dem Probenplan, alles war bereit, er kam eine Woche vorher und sagte – und jetzt muß ich mal seine Mundart nachmachen – „Ich brauche nicht so viele Proben! Eine Probe genügt!" Er kam in die Probe, es war Generalprobe, Hauptprobe, also praktisch alles zusammen in einer Probe vereinigt, aber der Mann hatte so eine Konzentration, die er auch auf das Orchester übertragen konnte, daß jeder Musiker an seinen Augen hing. Er war ja überhaupt ein Phänomen: Er saß ganz still auf dem Stuhl. Er dirigierte nur ganz knapp, und mit den Augen gab er zum Beispiel den Bläsern oder auch den Sängern Einsätze, und jeder hing an seinen Augen und an seiner knappen Geste des Dirigierens. Dadurch kam eine ungeheure

Konzentration und ein spannungsvolles Musizieren zustande, wie ich es selten von Dirigenten erlebt habe, besonders in der heutigen Zeit, das ist ja eine ganz andere Generation. Es war wirklich, ich muß sagen, es war ein Erlebnis, mit ihm zu musizieren. Ich vergesse zum Beispiel nie, ich habe in München 1956 mit Knappertsbusch den ersten „Ring" von Richard Wagner gespielt. Eine Stelle muß ich mal zitieren, das ist der Höhepunkt, wenn das große Siegfried-Motiv im Trauermarsch der „Götterdämmerung" kommt, es kommt ein riesiges Crescendo, die Trompeten blasen das berühmte Motiv, und Knappertsbusch, was er selten tat, stand auf, dirigierte nicht mehr, sondern streckte nur seinen langen Arm, er war ja ein großer, schlanker Mensch mit sehr langen Armen, streckte nur den Arm rechts in Richtung Blech, das sehe ich noch wie heute, und auf dem Höhepunkt konnte man meinen, das Theater bricht zusammen. Mir wurde es eiskalt, das war eine wahnsinnige Spannung, was ich selten in meinem ganzen Berufsleben erlebt habe.

Ich muß also sagen, das war ein sehr eindrucksvoller Dirigent, an den man noch lange denken wird, ähnlich wie meinetwegen Wilhelm Furtwängler, unter dem ich leider nicht mehr gespielt habe, er starb schon 1954. Ich habe ihn 1953 in Kiel und Hamburg, als ich Student war, noch in zwei Konzerten erlebt. In Kiel war ja diese furchtbare Halle, die Ostseehalle, wo Fahrradrennen und alle möglichen Sportveranstaltungen stattfanden, und da saß das Orchester auf einmal. Man mußte erst mal suchen: Wo sitzt das Orchester? Furtwängler machte ein ganz tolles Programm: Es war aus dem „Tristan" das Vorspiel und Isoldes Liebestod, die Zweite von Brahms und nach der Pause die siebte Sinfonie von Beethoven. Bei der Zweiten Brahms dirigieren andere erst einmal einen Takt vorweg oder machen etwas Ähnliches, so etwas gab es bei ihm nicht. Er stand da, schob den Taktstock raus und schon fingen die Celli und Bässe an – ein Wohlklang im Orchester. Wenn große Tutti-Schläge kamen, war das Orchester nie ganz zusammen, sondern es gab einen weichen Harfenakkord durch das ganze Orchester. Nicht wie bei Toscanini, der furchtbar hart musizierte, besonders so harte Schläge, was einige Dirigenten natürlich noch heute anstreben. Furtwänglers Art zu musizieren ist doch im Grunde genommen das Schönste, was es gibt. Herbert von Karajan hat einige Dinge davon übernommen, weil in diesem Orchester, also den Berliner Philharmonikern, eine große Tradition noch aus der Zeit drinsitzt, Furtwängler hat das Orchester immerhin fast 32 Jahre dirigiert.

Aber du hast jedes Jahr in Bayreuth gespielt seit 1961...

Nicht ganz. Ich war zuerst am letzten Pult der Cellogruppe, und 1967 wurde ich als erster Solocellist an das Bayreuther Festspielorchester verpflichtet und habe außer zweimal bis heute (1990) jedes Jahr dort gespielt.

Wo lebt man denn in Bayreuth in dieser langen Zeit? Mietet man ein Haus?

Das kann man natürlich machen. Ich habe ein Zimmer gemietet, und wenn ich einen freien Tag habe, fahre ich in die schöne Umgebung. Es gibt ja sehr schöne Städte in der Nähe, zum Beispiel Nürnberg und Bamberg. Es gibt so viel Kultur in dieser Gegend, oder man kann Wanderungen ins Fichtelgebirge unternehmen. Nachdem die Grenze nun seit kurzer Zeit geöffnet ist, kann man auch in den Thüringer Wald fahren, soweit die Zeit das zuläßt.

Wenn man in Bayreuth spielt, sitzt man unter der Bühne. Muß man sich darauf erst einstellen?

Wenn man das mal bildlich verdeutlichen will: Das Orchester ist zugedeckt. Man muß sich also einen normalen Orchestergraben vorstellen, und am Orchestergraben beginnt eine Kuppel aus Holz. Dadurch kann das Orchester niemanden sehen, aber der Kapellmeister kann auch von niemandem gesehen werden, man kann ihn also nur nach dem beurteilen, was er musikalisch hervorbringt. Man kann keine Show sehen und so weiter ...

In Bayreuth gibt es auch noch die alte Orchesteraufstellung, die zu Wagners Zeiten galt und nach der früher viele berühmte Orchester gespielt haben. Allerdings gibt es eine kleine Änderung: Links vom Kapellmeister sitzen die Zweiten Geigen und rechts die Ersten Geigen, also genau seitenverkehrt wie im normalen Orchester. Auf der zweiten Stufe sitzen dann die Bratschen und auf der dritten Stufe sitzen in einer Reihe zwölf Celli. An jeder Seite der Celli sitzen vier Bässe. Darunter sitzen die Holzbläser, auch auf zwei Stufen, und an der Seite der Holzbläser sitzen die vier Hörner. Wenn acht Hörner besetzt sind, werden die noch neben den Hörnern untergebracht. Hinter den Klarinetten sind die Trompeten, dann ganz unten die drei Posaunen, die Wagner-Tuben, die Kontrabaß-Tuba, die Pauken und jeweils, wenn überhaupt verwendet, was ja sehr sparsam ist bei Wagner, das Schlagzeug. Die Harfen befinden sich ganz an der Seite oberhalb der Klarinetten, aber wieder auf einer eigenen Stufe. Bei Opern wie zum Beispiel „Tannhäuser" sind es nur drei Harfen, beim „Ring" sind es sechs Harfen. Sie sitzen zu beiden Seiten des Orchesters, und bei „Rheingold" ist noch eine auf der Bühne.

Man muß sich wirklich vollkommen umgewöhnen. Ich hatte meine erste Bühnenprobe 1961 mit Kempe, das war „Walküre", und als die Probe anfing, da dachte ich in den ersten zehn Minuten, ich würde das gar nicht den ganzen Sommer aushalten. Der Klang ist derartig komprimiert! Das Blech hebt den ganzen Klang, dieser Klang sammelt sich und geht durch die Öffnung zur Bühne hin und danach hinaus in den Zuschauerraum. Als ich damals das erste Mal im Zuschauerraum des Festspielhauses war, fiel mir auch auf, daß der Klang sehr gedeckt ist. Die Ohren müssen sich erst daran gewöhnen, denn es ist ein indirekter Klang.

Und man hat überhaupt keinen Kontakt zu den Sängern oben auf der Bühne?

Nein, gar nicht. Wenn wir stark spielen, hört man die Sänger oft nicht mehr. Der Klang geht übers Orchester hinweg. Das ist aber in einem großen Opernhaus oft auch der Fall, da sollte man sich gar nichts vormachen, nur dann steht das Orchester wie eine Wand vor den Sängern. In Bayreuth werden die Sänger dagegen vom Orchester nie zugedeckt. Wenn Fortissimo in den Noten steht, blasen die Bläser auch ein volles Fortissimo aus, es klingt nie ordinär, sondern der Klang verteilt sich nach außen.

Kann man denn innerhalb des Orchestergrabens seine Kollegen gut hören?

Ja, sehr gut. Für uns Cellisten ist es allerdings etwas hemmend, weil wir zu zwölf Celli nebeneinander sitzen.

Alle schauen immer auf den Solocellisten, also den Stimmführer in dem Fall, und so geht das auch zusammen, wir haben keine Probleme damit. Es kann mal sein, daß sich ein neuer Kollege noch nicht so gut daran gewöhnt hat, der muß sich dann erst einmal einhören.

Ich muß einmal etwas weiter ausholen: Die Musiker sind ja nicht fest angestellt, sondern in vielen Orchestern sitzen ja Musiker, die schon seit vielen Jahren in Bayreuth spielen, und die sagen dann zu Wolfgang Wagner: Wir haben da einen guten Solocellisten oder Solooboisten oder Solohornisten, ladet den mal ein. Dann muß er im ersten Jahr beweisen, ob er sich einfügt. Zuerst ist der Zusammenklang schwierig, aber man gewöhnt sich schnell und bettet sich ein. Das ist auch eine ganz andere Verteilung des Klangs, zum Beispiel wir Cellisten sitzen ja in einer Reihe und dahinter kommt das Holz. Beim „Ring", wo das Holz vierfach besetzt ist, also vier Flöten, vier Oboen, vier Klarinetten und vier Fagotte, hat man dann immer diesen Klangschwall (das ist nicht negativ gemeint!) hinter sich. In meinem eigenen Orchester, im Hamburger Philharmonischen Staatsorchester, sitze ich in der Mitte des Orchesters und die Holzbläser sind ganz rechts, weit weg, genau wie das Blech. Daran muß man sich erst mal gewöhnen.

Das ist eine ganz andere Klangdisposition.

Ja, das stimmt. Aber es ist halt ein wunderbarer Klang, wenn man draußen sitzt. Da hat es natürlich auch Schwierigkeiten gegeben, weniger mit dem Orchester als mit Dirigenten. Da gab es oft Dirigenten, die sagten: Das Orchester ist ja zugedeckt, also müssen wir die Dynamik anheben. Aber das gibt einen ganz falschen Eindruck des Klanges, denn der wird sowohl ganz unten als auch ganz oben angehoben, es gibt dann so einen Klangmatsch. Das ist für den Zuhörer auf die Dauer ermüdend, wenn es nur laut ist und nie leise. Es gab in Bayreuth einmal einen ganz fantastischen Dirigenten, das war 1974-1976, Carlos Kleiber, der Sohn des berühmten Erich Kleiber aus Berlin, der machte „Tristan". „Tristan" ist ja nun, abgesehen von einigen Höhepunkten, eine wirklich leise, zarte Oper. Aber Carlos Kleiber verstand es dann auch, das Orchester zum Piano-, Pianissimo spielen zu bringen. Er bestand wirklich darauf, dadurch entstand ein sehr seidiger Streicherklang. Kleiber sagte, sonst gäbe es ja überhaupt keinen dynamischen Unterschied. Ich habe den „Tristan" einmal von draußen angehört, und ich muß sagen, der Mann hatte vollkommen Recht. Denn jeder Zuhörer ist ja so gespannt in Bayreuth, daß er auch zuhört, wenn es leise ist, denn es klingt auch so ganz wunderbar. Dann kommt die extreme Dynamik bei Wagner viel mehr zum Ausdruck, als wenn da immer so ein Mezzoforte-Gesäusel stattfindet, wie es in der Fachsprache so schön heißt.

Das ist überhaupt auch schwer für die Dirigenten, manche sind daran gescheitert: Ich selbst war damals noch nicht in Bayreuth, als Igor Markewitsch, ein ganz fantastischer Dirigent, „Tannhäuser" machte. Die Kollegen sagten, er habe wirklich ganz toll musiziert in den Proben im Festspielrestaurant, wo das Orchester probt. Aber Igor Markewitsch kam zur ersten Bühnenprobe ins Festspielhaus – und es war aus. Er kam überhaupt nicht zurecht. Man muss sich vorstellen: Wie ich schon sagte, der Dirigent sitzt unter dieser Kuppel, er wird also nicht gesehen. Aber unten hat er diesen großen Klangschwall des Orchesters immer um sich. Die Bühne ist in Bayreuth sehr groß, sie ist zum Beispiel noch etwas größer als bei uns in der Hamburgischen Staatsoper. Die Sänger stehen sehr hoch und bei manchen Inszenierungen auch weit weg. Damit ist Markewitsch einfach überhaupt nicht zurechtgekommen. Man muß dadurch anders dirigieren als in einem normalen Opernhaus, weil man nicht den direkten Kontakt hat. Horst Stein, der lange Jahre in Hamburg war und jetzt in Wien viel dirigiert, sagte mir einmal: „Wenn es mit dem Klang schwierig wird, dann lehne ich mich immer ganz weit zurück in die Kuppel und habe ein ganz anderes Klanggefühl und kann ganz genau beurteilen, wie der Kontakt zwischen Sängern und Orchester ist". Das sind natürlich auch Erfahrungswerte, die man erst im Laufe der Jahre bekommt.

Allerdings sind auch schon jüngere Dirigenten da gewesen wie zum Beispiel damals Lorin Maazel ´68/´69, er machte den „Ring". Und er kam mit dem Haus sofort zurecht. Wobei Lorin Maazel eine ganz außergewöhnliche Begabung als Dirigent ist. Ich war damals noch in Berlin, als er dort an der Deutschen Oper den „Ring" machte, und er konnte das einfach, er hatte überhaupt keine Schwierigkeiten mit der Musik. Er war so begabt, daß er die Bühne, das Orchester, den Chor direkt beherrschte und alles zusammenbrachte, so daß ein wunderbarer Zusammenklang entstand.

Wird dir das nicht ab und zu zuviel Wagner, wirst du nicht ab und zu müde?

Nein, das kann ich nicht sagen. Richard Wagner hat ja zehn große Opern geschrieben, abgesehen von „Rienzi", den Richard Wagner selber nicht im Festspielhaus aufgeführt wissen wollte. Wieland Wagner hat Anfang der Sechzigerjahre in Stuttgart einen Versuch gemacht, und man stellte dann fest, das paßt nicht nach Bayreuth. Das wollte ich nur mal nebenbei erwähnen. Es werden sieben

Opern in Bayreuth gespielt, in diesem Jahr ist es eine Neuinszenierung des „Fliegenden Holländers", danach kommt wieder „Parsival" und „Lohengrin" und die vier Teile des „Rings", das sind also sieben Opern. Und als Solocellist spiele ich zum Beispiel nie alle sieben Opern, dieses Jahr spiele ich drei und mein Kollege vier. Da es immer dieselbe feste Besetzung sein muß, kann man ja nicht teilen. Mir ist es bisher noch nie langweilig geworden. Gut, man kann sagen – ich will jetzt keine Namen nennen –, der eine Dirigent interessiert mich sehr und der andere weniger. Es sind ja nicht alle Dirigenten dort Weltklasse, wie es früher vielleicht einmal war. Aber es kommt trotzdem immer eine sehr gute Zusammenarbeit zustande.

Dieses Jahr dirigiert Sinopoli, wer dirigiert den „Ring"?

Den dirigiert Barenboim. Barenboim kam damals nach Bayreuth. Es war die Inszenierung nach Carlos Kleiber, 1983 wurde davon eine Fernsehaufnahme gemacht, zu der wir damals eine ganze Woche extra hinunter fuhren, weil es den Sängern terminlich nicht anders möglich war. Daniel Barenboim ist schon ein besonders kompetenter Musiker, bekannt als großer Pianist, dann auch als Chef des „Orchestre de Paris". Er beherrscht wirklich die Partitur, seit ein paar Jahren macht er ja auch den „Ring", das ist schon eine sehr erfreuliche Zusammenarbeit. Er ist eine große Begabung, man merkt, daß er sich das nicht so einpauken muss wie manche andere Dirigenten, die dann doch nicht so zur Geltung kommen. Barenboim ist eben ein Musiker, er hat gleich die Übersicht, und das ist auch ein großer Vorteil für das Orchester, denn so lang ist die Probenzeit ja nicht. Es müssen immerhin in den fünf Wochen sieben Opern probiert werden, wovon die meisten Proben immer die Neuinszenierung erhält, das ist ja logisch, und der „Ring" erhält dann mit seinen vier Opern die meiste weitere Zeit. 1981 kam „Parsival" neu heraus, James Levine dirigierte. Vor drei Jahren hat Barenboim von Levine einmal den „Parsival" übernommen, es gab Terminschwierigkeiten mit Levine wegen der Salzburger Festspiele, die ja gleichzeitig laufen. Bei den Salzburger Festspielen ist James Levine als Chefdirigent auch sehr eingespannt, er dirigiert viel Mozart in Konzerten mit den Wiener Philharmonikern.

Aber ist Levine ein etablierter Dirigent in Berlin, in Deutschland überhaupt?

Ja, wie man so sagt: der erste Eindruck von einem Menschen ist immer der beste – oder der schlechteste. Ich habe erlebt, wie er zum ersten Mal in die Probe kam und das Vorspiel von „Parsival" dirigierte. „Machen wir mal", sagte er lässig. Und die ganzen fünfzehn Minuten waren von einer solchen Spannung und musikalischer Wärme erfüllt! Er ist kein eckiger Dirigent, er dirigiert sehr rund, ist ja auch als Mensch ein wenig untersetzt. Er ist persönlich ein ganz warmer Mensch, mit ihm kann man überhaupt nicht aneinander geraten. Nach fünfzehn Minuten des Vorspiels wußten wir: Der ist es! Er probiert ganz ruhig, redet leise in den Proben. Es ist ja immer so: Wenn ein Dirigent in den Proben viel redet, entsteht eine Unruhe im Orchester (es kann manchmal auch zum Kindergarten werden, es sind ja oft lustige Menschen drin), Levine hatte sofort Disziplin, jeder hörte zu. Er machte nicht den Fehler und spielte nun die ganze Oper durch, sondern nur das Wichtigste und Schwierigste. Es gibt ja auch Stellen, die leicht sind oder laute Stellen, die relativ leicht zu interpretieren sind. Die leise Musik bedarf immer gewisser Arbeit, da sitzt immer die Tücke des Objekts. Und die Zusammenarbeit, auch menschlich, das paßte einfach zusammen. Das habe ich selten so wie mit Levine erlebt. Und wenn er große Steigerungen gestaltete, das war wunderbar, er freute sich dann auch und sagte: „What a wonderful orchestra!" So etwas ist herrlich. Bei den Berliner Philharmonikern ist er sehr beliebt als Dirigent, das weiß ich von Kollegen, er ist eben so ein warmherziger Mensch, das spannt gleich eine gute Atmosphäre. Er hat damals gesagt, daß er möglichst lange in Bayreuth dirigieren will, das hat er bislang gehalten, er hat jetzt schon acht Jahre dort dirigiert, leider immer nur den „Parsival", aber wir hoffen, daß er auch einmal etwas anderes dirigiert.

Das ist wohl auch ein Problem, mit so vielen Musikern aus verschiedenen Orchestern, es ist doch ein Vorteil, daß es jedes Jahr dieselben Künstler sind.

In den ersten Proben merkt man jedes Jahr, daß sich das Orchester erst mal zusammenspielen muß. Besonders bei den Bläsern ist es ja so: Das eine Orchester hat diese Stimmung, etwas höher, das nächste eine andere, etwas tiefer. Da gibt es immer Schwierigkeiten. Die müssen sich natürlich erst finden. Aber da viele immer dieselben Musiker sind, finden sich die neuen, noch jungen Kollegen, schnell zurecht. Denn es gilt dort der Grundsatz: Wer sich nicht einfügt, der muß wieder gehen, nächstes Jahr ist dann Schluß. Die Dirigenten geben dabei das entscheidende Votum. – Dadurch kommen kontinuierlicher Klang und Zusammenarbeit zustande. Man hilft den jungen Kollegen natürlich, die wollen ja auch lernen, es macht ihnen doch Freude. Man muß allerdings sagen, daß es kein bezahlter Ferienaufenthalt ist. Es wird sehr viel probiert, es finden immer zwei Proben am Tag statt, manchmal auch drei wie bei „Tannhäuser", der drei Akte hat. Das muß auch wegen der Bühne oft so koordiniert werden bzw. mit Rücksicht auf den Zeitplan der Sänger. Es ist also kein Spaziergang. Die Solocellisten haben einen etwas erleichterten Vertrag, dafür haben wir sehr viel Verantwortung. Jeder weiß, dass Arbeit anliegt. Unter solchen erfreulichen Dirigenten – ich muß es noch einmal sagen – wie James Levine und den anderen, die ich aufgezählt habe, ist die Arbeit schon sehr gut.

Auch Richard Strauss hat den „Parsival" dirigiert.

Ja. Richard Strauss hat ein paar Jahre in Bayreuth dirigiert. Er hat verschiedene Opern gemacht. Wir haben teilweise noch alte Noten, manche sind erneuert worden, weil sie zu verbraucht waren. Früher haben wir immer die Aufführungsdaten in die Noten geschrieben, auch die Aufführungsdauer, das kann man heute im Wagner-Museum nachlesen. Richard Strauss war zum Beispiel der schnellste „Parsival"-Dirigent, er hat für den ersten Aufzug eine Stunde vierzig Minuten gebraucht, Knappertsbusch brauchte immer eine Stunde zweiundfünfzig, Toscanini war merkwürdigerweise der langsamste Parsival-Dirigent. Er brauchte zwei Stunden sechs Minuten. Joseph Keilberth, der nach dem Krieg da war, brauchte zwei Stunden zwei. Und Levine hat es immerhin auf zwei Stunden und eine Minute gebracht. Er war also einer der breitesten Dirigenten.

Aber ein so großer Unterschied ist eigentlich phantastisch!

Wenn die Tempi sehr ausgebreitet sind, dann muß da eine große Spannung sein, sonst würde es langweilig werden. Pierre Boulez war noch schneller. Als ich ihn erlebt habe, brauchte er eine Stunde einunddreißig für den ersten Akt. Der erste Akt ist immer ein Maß für die ganze Oper, weil er der längste Akt ist. – Und in den ersten beiden Jahren von Bayreuth war ja auch Herbert von Karajan mal da, das habe ich zufällig im Radio gehört. Da hat er damals die „Meistersinger" gemacht, und er hat auch den ganzen „Ring" gemacht. Und dann einen „Tristan", der lange richtungsweisend war, 1952, von dem noch eine Aufnahme existiert mit Martha Mödl und anderen großen Sängern aus dieser Zeit. Und viele Kollegen sagten damals, als Carlos Kleiber den „Tristan" dirigierte: „Das ist der schönste Tristan seit Karajan." Karajan war ja ein Mann, der alles selbst machen wollte und der sich deshalb nicht in die Inszenierung eines anderen hineinfinden konnte. Darum kam er dann nicht mehr. Aber es ist daraus resultiert, daß er 1967 seine eigenen Festspiele in Salzburg gemacht hat, die sogenannten Osterfestspiele, die er mit der „Walküre" eröffnet hat. Im Laufe der Jahre hat er dann den ganzen „Ring" gemacht, „Lohengrin", „Holländer", „Meistersinger" und „Parsival", die auch alle auf Platten festgehalten sind.

Es ist schon interessant zu beobachten, daß Bayreuth noch immer maßgebend ist für die Entwicklung an anderen Häusern. Die Inszenierungen von Wieland Wagner haben zu Anfang der 50-er Jahre phantastisch viel bedeutet, und jetzt Chéreau, das ist ein Wendepunkt.

Es liegt auch vielleicht daran: Eine Oper wird in Bayreuth inszeniert, und es gibt die Möglichkeit, im Laufe der Jahre immer wieder daran zu arbeiten – das war bei Chéreau ganz offensichtlich – er hat dann zum Beispiel beim „Ring" Sachen weggelassen oder vereinfacht. Dadurch reift das alles. Im normalen Opernhaus wird eine Oper einstudiert und dann meinetwegen zehn Jahre so gespielt, der Regisseur ist weg, das darf man ruhig sagen: Manchmal ist er nicht einmal zur Premiere anwesend. Leider. Dadurch verschlampt die Inszenierung im Laufe der Zeit. Es gibt nur wenige Regisseure, die bei Wiederaufnahmen die Inszenierung noch einmal überarbeiten. Das ist zum Beispiel Harry Kupfer, der hat letztes Jahr den „Ring" in Bayreuth gemacht, er war jetzt gerade bei uns in Hamburg, Sonntag war die Premiere von „Tannhäuser". Er ist einer der intensiven Regisseure.

Und Chéreau war jedes Jahr in Bayreuth ...

Er war immer wieder da, von Anfang an, und hat immer wieder gründlich probiert, auch mit den Sängern. Es kommen ja auch manchmal neue Sänger, dann wird immer wieder neu gearbeitet. Das ist eine Arbeitsweise, die noch aus der Zeit von Felsenstein stammt, Felsenstein war auch ein eiserner Arbeiter. Ich habe ihn erlebt, wie er in Hamburg damals „Traviata" und „Rigoletto" gemacht hat, und er bestand darauf, daß immer dieselben Sänger sangen. Wenn ein Sänger krank war, wurde die Vorstellung entweder abgesagt, oder er kam persönlich, um mit dem neuen Sänger das wieder zu erarbeiten. Es kamen wieder Bühnenproben ...

Kupfer ist auch ein sehr interessanter Regisseur. Wie man über die Inszenierungen denkt, das ist die eigene Sache. Aber ich habe mit Solisten und Chorsängern in Bayreuth gesprochen, die es ja am meisten angeht, die sagten: Er arbeitet sehr streng, weiß, was er will, ist immer freundlich, aber es geht vorwärts. Er arbeitet ganz stringent. Ich habe neulich eine Bühnenprobe in Hamburg mit „Tannhäuser" bei ihm erlebt, und ich hatte genau denselben Eindruck. Er teilt zum Beispiel den Chor in Gruppen ein und arbeitet ganz zielgerichtet, auch in der zeitlichen Einteilung. Nachher zieht er alles zusammen, das ist sehr gut. Denn der normale Opernbetrieb kann zu einem furchtbaren Trott ausarten, unter anderem durch die reisenden Sänger. Es ist doch heute normal, daß ein Gastsänger, wenn er in ein Opernhaus kommt, nur ein paar Stunden vorher ankommt und abends dann einfach lossingt. Ob er dann mit der Inszenierung vertraut ist, kann man doch bezweifeln ... Aber das ist heute die Zeit, vor allem, wenn man Stars haben will. Da ist dann zeitlich gar nichts zu machen.

Das ist sehr unkünstlerisch. Das Ensemblespiel ist doch so wichtig.

Das ist vorbei, da sehe ich gar keine Chance mehr. Ich sehe es auch an der Hamburgischen Staatsoper: Wie viele Sänger hatten wir früher! Heute haben wir davon noch einen Restteil, ich meine zahlenmäßig. Für große Partien müssen wir immer Gäste leihen, und da geht es schon los. Das ist ein großes Problem der Opernhäuser. Schon als Birgit Nilsson sang, war es so, daß immer die gleichen Leute sangen, egal, welche Inszenierung das war. Man konnte von Hamburg nach München reisen, da hat man die gleichen Sänger wieder angetroffen, oder in Berlin oder Paris.

Hier bei uns gibt es ein steigendes Interesse für die Oper. Ist das in Deutschland auch so?

Ja, die Opernhäuser sind immer sehr gut besucht, besonders bei Repertoireopern. Alle „Tannhäuser"-Aufführungen in Hamburg sind in nächster Zeit ausverkauft. Es ist ein großes Interesse vorhanden. Es gab in den 70-er Jahren einmal eine Flaute, als das Fernsehen so expandierte. Da waren die Opernhäuser oft leer. Das hat sich wieder vollkommen gewandelt, auch die jungen Leute haben großes Interesse. In Bayreuth könnte vom Bedürfnis der Zuschauer her doppelt so lange gespielt werden, aber das ist ja nicht möglich. Es gehen in allen dreißig Vorstellungen ungefähr siebenundfünfzigtausend Zuschauer in den Saal, dann ist Schluß. Die anderen werden abgewiesen. Es ist sehr schwer, in Bayreuth Karten zu bekommen, aber das ist wohl allgemein bekannt.

„Lohengrin" wird dieses Jahr für das Fernsehen aufgenommen.

Für das Fernsehen und parallel als Schallplattenproduktion.

Wie ist die Arbeit, wenn man so etwas aufnimmt? Das dauert doch sehr lange.

Das ist ein ganz schwieriger Prozeß, es geht schon los mit der Bühnentechnik. Ein normales Bühnenbild des Opernhauses kann man für das Fernsehen nicht verwenden, man muß das Bild ganz hell ausleuchten, um es für das Fernsehen überhaupt präsent zu machen. Dann gibt es auch gewisse Änderungen bei der Klanggestaltung des Orchesters, besonders bezüglich Bühnenmusiken, die normalerweise im Festspielhaus zu hören sind. Sie müssen stärker ausgetragen werden, um das Klangbild plastisch zu erhalten.

Während der Fernsehaufnahmen arbeitet man doch sicher vom frühen Morgen bis zum späten Abend.

Wir hatten manchmal eine Arbeitszeit von morgens um zehn Uhr bis abends um halb oder viertel vor elf, oft wurde ein Tag in vier Sitzungen unterteilt mit einer Stunde Mittagspause und am Abend noch einer Pause. Dann geht es doch sehr schnell weiter, bei einer Fernsehaufnahme muß ja zu der gewöhnlichen Arbeit mit Orchesterproben, Bühnenproben und Generalproben noch Zusätzliches geleistet werden. So kommt es dann vor, daß verschiedene Generalproben noch in die erste Festspielwoche gelegt werden. An sich ist es so: Die Generalproben sind der Abschluß der Probenzeit, dann gibt es einen Tag Ruhe, und dann beginnen die Festspiele mit dreißig Vorstellungen. In diesem Jahr waren wir genau siebzig Tage da, also zehn Wochen, die Hälfte nimmt die Probenzeit und die Hälfte die Festspielzeit ein.

Wie ist der Alltag für einen Musiker in Bayreuth?

Die Probenzeiten werden auf verschiedene Tageszeiten verteilt, das kann den ganzen Tag gehen. Die Orchester-Allein-Proben sind meistens zwischen morgens zehn Uhr und nachmittags siebzehn oder achtzehn Uhr jeweils drei Stunden. Die Bühnenproben werden dann anders verlagert. Bei Opern wie „Tannhäuser" kann es passieren, daß drei Proben an einem Tag sind, jeweils ein Akt. Während der Festspiele fangen wir nachmittags um sechzehn Uhr an, am längsten war jetzt „Parsival" mit einer Arbeitszeit bis abends um viertel vor elf. „Götterdämmerung" und „Parsival", das sind die längsten Opern des Repertoires. Der „Fliegende Holländer" ist kürzer, er wird in Bayreuth als durchgehende Ballade gespielt, so wie Wagner selbst es wollte, er dauert etwa zweieinhalb Stunden. „Rheingold" ist auch eine nur einaktige Oper, dauert auch ungefähr zweieinhalb Stunden.

Dreiundzwanzig Jahre Bayreuth – das ist eine lange Zeit. Bedeutet das, daß du überhaupt keinen Sommerurlaub gehabt hast in dreiundzwanzig Jahren?

Das ist eine ganz schwierige Frage. Ich habe als Solocellist einen Extra-Kontrakt mit dem Haus, so wie alle Solisten des Orchesters. Man hat schon mal ein paar Tage frei, in denen man wegfahren kann. Aber mich zieht das Haus immer wieder an, mir macht es immer wieder große Freude. Und es herrscht in Bayreuth eine angenehmere Atmosphäre als normalerweise im Heimatinstitut, also im Opernhaus, wo man im Arbeitsjahr mit ganz verschiedenen Dingen konfrontiert wird. In so einem großen Betrieb treten naturgemäß größere Spannungen auf.

Liegt diese gute und angenehme Atmosphäre an Wolfgang Wagner?

Das Haus ist praktisch wie eine große Familie, und Wolfgang Wagner ist sozusagen der Vater des ganzen Hauses. Er ist für jeden ansprechbar, immer irgendwo anzutreffen. Das macht eben die schöne Atmosphäre dort aus, wobei nicht abgestritten werden kann, daß die Probenzeit sehr konzentriert und sehr hart ist – es müssen sieben Opern zur Aufführung gebracht werden. Chor und Orchester sind dann zeitlich sehr in Anspruch genommen als große Formationen. Im Hamburger Orchester haben wir sechs Wochen Urlaub, und die Proben- und Festspielzeit dauert, wie ich vorhin schon gesagt habe, zehn Wochen. Diese vier Wochen muß man nun irgendwie überbrücken durch den guten Willen der Kollegen im Heimatinstitut, sonst geht es gar nicht.

Du triffst in Bayreuth jedes Jahr die gleichen Leute und lernst manche sehr gut kennen. Wie ist die Arbeitsatmosphäre?

Die meisten Kollegen sind jedes Jahr die gleichen, man kennt sich, es kommen neue hinzu, es ist auch menschlich ein sehr interessantes Bild. Man lernt mal die Probleme eines anderen Orchesters kennen, wir sind praktisch schon zu einer großen Familie zusammengewachsen. Das ergibt natürlich eine sehr nette menschliche Arbeitsatmosphäre, bedingt auch durch die Dirigenten. Die fühlen natürlich auch, daß bei uns eine andere Stimmung als in einem normalen Orchester herrscht, schon durch den Arbeitsablauf. Es spezialisiert sich alles auf einen Komponisten, also Richard Wagner, und es kommt ja auch jeder freiwillig. Manche kommen nur ein Jahr und beschließen dann, doch lieber wieder im Sommer Ferien zu machen. Es arbeiten alle sehr gern dort, obwohl es eine anstrengende Zeit ist und immer die ganzen Ferien dabei draufgehen. Es bringt halt viel Freude, wenn man sieht, wie so eine Arbeit wächst, die ausnahmslos in so einem besonderen Theater wie in Bayreuth wachsen kann.

Das künstlerische Engagement ist größer als in einem normalen Orchester?

In einem normalen Orchester ist einfach ein ganz anderer Arbeitsablauf. In der Hamburgischen Philharmonie haben wir Opern, Konzerte, Gastspielreisen, es mangelt irgendwo immer an Zeit, deswegen ist oft eine gespannte Atmosphäre. Dazu kommt der dauernde Wechsel der Dirigenten bei einzelnen Opern, ob nun gute oder weniger gute. Das bringt auch Unruhe und Spannungen in ein Haus.

Hat man als Musiker denn in der Probenzeit persönliche Kontakte zu den anderen Musikern?

Ja, es gibt da ein schönes Kommunikationszentrum, das ist die Kantine. Man kann auch gut im Park sitzen, wir sitzen da alle zusammen und so lernt man sich kennen. Viele Sänger, die in Bayreuth singen, kommen aus Hamburg, so hat man schon persönliche Kontakte, auch zu den Dirigenten. Karl Böhm kannte ich zum Beispiel schon, und auch sonst haben ja viele der großen Dirigenten schon in Hamburg dirigiert. Es ist eine ganz andere Atmosphäre als in einem staatlichen oder städtischen Opernhaus. Man muß sich vorstellen, daß der „Ring" in einem städtischen Opernhaus wie der Hamburger Staatsoper mal innerhalb des Repertoires gespielt wird, oder „Tristan", am nächsten Tag dann „Zar und Zimmermann" oder „Rigoletto" oder wie der bunte Spielplan eben aussieht. In Bayreuth dagegen ist alles nur auf Richard Wagner fixiert. Ein anderer Unterschied ist, daß das Orchester eine freiwillige Institution ist. Keiner muß also da hin oder, wie man in Musikerkreisen sagt, „Dienst machen". Entweder gefällt es einem, dann kommt man wieder, oder man bleibt weg. Dadurch kommt eine ganz andere Stimmung auf. Es ist auch manchmal sehr interessant, mit Dirigenten über Wagner zu reden, über ihre Erlebnisse, die sie früher hatten, man tauscht sich mal aus und spricht mal darüber, auch mit älteren Kollegen, wie die das alles so erleben. Das ist

eben dieser spezielle Zusammenhalt in Bayreuth, anders als in einem normalen Opernhaus. In einem normalen Opernhaus gibt es zum Beispiel Stars, die reisen nach zwei Tagen wieder ab, keiner kennt sich. Das ist die heutige Zeit, in der man mit dem Flugzeug reist, manchmal kann man sagen, dass es *leider* so ist.
Wir musizieren sogar außerhalb der Proben noch zusammen. Einzelne machen Kammerkonzerte, ich will mich da nicht ausschließen, machen noch viel nebenbei. Man wird immer wieder angeregt durch die Arbeit, durch die großartigen Opern Richard Wagners. Man ist einfach nicht so abgearbeitet wie in einem normalen Orchester.

So eine enthusiastische musikalische Arbeit ist eigentlich ganz selten heutzutage. Normalerweise geht alles so schnell. Aber das ist eigentlich auch Richard Wagners Gedanke von Anfang an.

Er hat das von Anfang an gewollt. Viele Kollegen wohnen in Bayreuth auch zusammen; die ein Auto haben, wohnen weiter draußen. Und wenn ein Kollege in Schwierigkeiten menschlicher Art ist, hilft man sich gegenseitig und man spricht sich aus. Das gehört auch zu so einem Kollektiv. Man trifft sich in der Freizeit, oder jede Instrumentengruppe des Orchesters hat mal einen bunten Abend, da kommt man dann zusammen. Es gibt ein Orchesterfest, das meistens im August stattfindet, wo die Musiker vor Publikum Vorführungen außerhalb des Werks von Richard Wagner bieten. Es ist sehr interessant, wenn sich ganz neue Klanggruppen des Orchesters mal zusammenfinden. Das macht viel Spaß.

Vielen Dank, Robert Reitberger, für das aufschlußreiche Interview!

Verlobung in Bayreuth

Im Sommer 1990 fuhr ich für drei Wochen zu den Bayreuther Festspielen, an denen Robert in diesem Jahr zum letzten Mal teilnahm. Ein unvergessliches Erlebnis waren für mich die Proben der Dirigenten James Levine und Daniel Barenboim mit dem phantastischen Festspielorchester, und die Möglichkeit, eine Generalprobe der „Götterdämmerung" und eine Aufführung von „Lohengrin" zu besuchen. Es eröffnete sich mir eine faszinierende Welt, eine neue Dimension von Musik. Robert und ich wohnten in einem Hotel und hatten zum ersten Mal die Gelegenheit, eine längere Zeit miteinander zu verbringen. Wir lebten überglücklich in vollkommener Harmonie, es war, als sei ich nach langem Suchen endlich bei mir zu Hause angekommen. Bei romantischen Spaziergängen sprachen wir über unseren Wunsch zu heiraten.

Während einiger freier Tage fuhren wir nach Nürnberg, dort wollten wir uns verloben. Ich überließ Robert die Initiative, er hatte mir am Abend vorher einen feierlichen Antrag gemacht. Es ging mir so wie auch schon in Bad Hersfeld: Ich fühlte mich unfähig, das Rad des Schicksals anzuhalten. So begingen wir unsere Verlobung mit dem Kauf von Ringen und einem Café-Besuch, wo wir eine von Roberts Lieblings-Süßspeisen aßen: Dampfnudeln mit Vanillesauce. Uns wäre nicht bewusst geworden, wie sehr unser Glück nach außen strahlte, wenn sich auf der Straße nicht mehrmals Menschen lächelnd nach uns umgesehen hätten. Allerdings gab es scheinbar auch konservative Neider, die den Altersunterschied zwischen uns bemerkten und uns anpöbelten: „Na, liebe Frau, sind Sie die Mutti von dem Herrn?" und „Dein Frühling ist doch vorbei, Mann." Wir trösteten uns mit der Aussicht, demnächst im liberalen Hamburg zu wohnen. – Dort hat uns deshalb niemals jemand angesprochen.

Zur Verlobung schenkte ich Robert einen kleinen hellbraunen Stoffbären, den er „Johann Sebastian" nannte, mit Beinamen „Bamse", nach dem dänischen Wort für „Bär". Er liebte ihn so sehr, dass er ihn auf jede weitere Reise mitnahm und Tag und Nacht in seiner Nähe hatte. Bamse war der gute Hausgeist. Im Laufe der Zeit bekam er eine Reihe von großen und kleinen Stofftiergenossen, die Robert liebevoll in seinem Zimmer arrangierte. Auch ihnen gab er Vornamen von bekannten Komponisten.

In den weiteren Festspielwochen besuchte mich Robert in Bielefeld regelmäßig, er fuhr mit dem Nachtzug und war dann dreimal in einer Woche bei mir. Bei jeder Trennung litt Robert unter Herzschmerzen und Schlafstörungen.

Robert und ich beschlossen, schon im Oktober gemeinsam in Hamburg zu leben. Wie später auch immer wieder war ich unsicher, ob ich richtig handelte, indem ich sowohl Robert als auch Daniel (und nicht zuletzt mir selbst) das Zusammenleben zu dritt zumutete. Dieser schweren Aufgabe bewusst, entschieden wir uns, sie in Etappen anzugehen. Zunächst zog ich allein zu Robert, während Daniel bei den geliebten Großeltern in Köln blieb. Nachdem Robert und ich uns fast ein Jahr lang aneinander „gewöhnt" hatten, kam Daniel anlässlich seiner Einschulung nach Hamburg, so dass unsere kleine Familie komplett war.

Als Familie in Hamburg

Im Herbst 1990 gab ich meine Wohnung und meine Stelle in Bielefeld auf; Daniel zog zu meinen Eltern mit meinem festen Versprechen, ihn bald zu mir zu holen. Ich bezog Roberts Wohnung in der Oberstraße in Hamburg und stellte meine überflüssigen Möbel in einem Möbellager unter. Wir wollten eine größere Wohnung suchen; dies gestaltete sich jedoch schwieriger als wir dachten, da die Grenze zu Ostdeutschland gerade geöffnet war und viele Menschen auf eine Wohnung in Hamburg hofften. So lebten wir noch fünf Jahre in Roberts Wohnung mit Roberts Erinnerung an seine „Vergangenheit" und in großer Enge.

Schon bald fand ich eine Stelle als Musiklehrerin an der Rudolf Steiner Schule Hamburg-Altona und knüpfte erste Kontakte. Robert war stets an meiner Seite und begleitete mich als Neuling in der großen Stadt. Seinen Nachbarn und Kollegen fiel auf, dass er einen neuen Mantel hatte und statt seiner geliebten Plastiktüten eine Ledertasche bei sich trug. Da musste doch eine Frau die Hand im Spiel haben! Roberts Freizeit hatte bisher meistens aus weiterer Beschäftigung mit Musik und gelegentlichen Ausflügen bestanden. Freundschaften pflegte er in seiner nächsten Umgebung nicht, er gab sein Inneres nicht gerne preis. Selbst sein bester Freund Wolfgang erfuhr von ihm nur wenig Privates. Zu oft war Robert verletzt worden, er hatte besonders Männern gegenüber wenig Vertrauen. Dadurch waren wir in der ersten Zeit meistens allein, ich durfte als einziger Mensch alle Freuden und Sorgen mit Robert teilen.

Robert und ich genossen unser Alleinsein, es war eine friedvolle Zeit, in der ich mich in Hamburg einlebte und Roberts Tagesablauf kennen lernte. Trotz unserer verschiedenen Lebensphasen (ich war Berufsanfängerin, Robert hatte Höhepunkte seiner Karriere bereits hinter sich und sah dem Ende des Berufslebens entgegen) herrschten Liebe und Harmonie zwischen uns. Unser großer Altersunterschied machte das Zusammenleben individuell und interessant. Robert verwöhnte mich mit kleinen und großen Geschenken. Da ich nach der Trennung von W. nur wenig Geld besaß und mein Klavier zurückgelassen hatte, kaufte er mir ein gutes Instrument. Als Robert bemerkte, dass die Qualität meiner Geige recht bescheiden war, durfte ich mir überglücklich eine schöne Geige aussuchen, die ich bis heute spiele.

Erst allmählich realisierte ich, dass Robert im Dienst und nach dem Dienst, wie viele seiner Kollegen, schon seit Jahren Schnaps trank. Niemals trank er zu Hause; aber in Gesellschaft von Mittrinkern ließ er sich gerne verführen und fand dann kein Ende.

Seitdem ich bei ihm wohnte, trank er weniger, aber die Unlösbarkeit seines Problems, „Vater" von Daniel werden zu müssen, wenn er mit mir leben wollte, ließ ihn nicht zur Ruhe kommen. Er war überglücklich, dass wir uns endlich nicht mehr trennen mussten, aber der Gedanke an eine neue Familie löste bei ihm eine dramatische Krise aus. Er bekam so ernsthafte Herzprobleme, dass er akut mit Herzinfarktverdacht ins Krankenhaus eingeliefert wurde. Dort hatte er panische Angst vor jeder Untersuchung, da er seit Jahrzehnten einen großen Bogen um Arztpraxen gemacht hatte und er außer dem Fieberthermometer kein medizinisches Gerät kannte. Ich blieb also ununterbrochen bei ihm, und er machte mich – zum ersten Mal von vielen weiteren – zu seiner Sprecherin bei den Ärzten. Dort leugnete er zwar sein Alkoholproblem, trank aber nach seiner Entlassung aus dem

Krankenhaus nie wieder. Er hatte eingesehen, dass seine Gesundheit dabei auf dem Spiel stand.

Wir heirateten standesamtlich im Mai 1991 und feierten in unserer Wohnung ein Fest mit Kollegen von Robert, Wolfgang und seiner Frau Ellen, einigen meiner Bielefelder Freunden und meinem Bruder. Robert hatte Differenzen mit meinen Eltern, so dass wir, um jede Familienproblematik zu vermeiden, keine weiteren Verwandten einluden.

Nach der Trauung machten wir einen Spaziergang zur Alster und tranken dort Kaffee. Ausgelassen und fröhlich schlenderten wir anschließend über den Rathausmarkt und kauften uns kitschige Lebkuchenherzen mit der Aufschrift: Für immer Dein. Wieder zu Hause, spielten wir lustige Spiele und tanzten in der kleinen Diele Wiener Walzer. Robert wusste zwar die Tanzschritte nicht, wie ich zu meiner Überraschung bemerkte, aber er drehte sich unbekümmert mit mir und trat mir niemals auf den Fuß.

Wir machten eine einwöchige Hochzeitsreise nach Wien und genossen dort Konzerte, Sehenswürdigkeiten und lange Spaziergänge auf Beethovens Spuren. Verliebt erfreuten wir uns unserer Freiheit.

Achtzehn Monate später heirateten wir kirchlich – ich war inzwischen zur evangelischen Konfession konvertiert – in der Michaeliskirche mit einem großen Festgottesdienst; dieses Mal waren meine Eltern und Daniel dabei, und jetzt erst war unsere Eheschließung wirklich besiegelt.

Als Daniel bei uns in Hamburg einzog und eingeschult wurde, bekam er bald ein kleines Cello. Obwohl Robert mit der Anwesenheit von Daniel noch immer haderte, wollte er ihm Cellounterricht geben, und ich sah darin eine Chance der Annäherung für die beiden. Tatsächlich setzte sich Robert für Daniels musikalische Entwicklung mit allen seinen menschlichen und künstlerischen Möglichkeiten ein. Dass er Daniel überforderte, wenn er seine eigene Genialität bei ihm voraussetzte, belastete Daniels Motivation erheblich. Dennoch hat Robert mit seinem Unterricht einen Schatz in Daniel gehoben, der ihn in seinem ganzen Leben begleiten wird.

Oft holte er Daniel von der Schule ab und ging Hand in Hand mit ihm nach Hause. Robert spielte gern Gesellschaftsspiele, besonders liebte er Daniels Kindergeburtstage mit Schatzsuche und gutem Kuchen. Eigentlich hat Robert Daniel geliebt und sich um Verständnis bemüht. Aber immer wieder brachen aus ihm die Traumata seiner eigenen Kindheit an die Oberfläche und Daniel musste darunter leiden. Wenn er dann ungerecht gewesen war, hat er sich bei Daniel später mit Tränen und Umarmungen entschuldigt.

Robert war ein wirklicher Künstler in dem Sinne, dass die Musik sein Lebensmittelpunkt war. Der Alltag eines Orchestermusikers wird geprägt durch den Doppeldienst der morgendlichen Probe und der abendlichen (Opern-) Aufführung. Der Nachmittag dient der Erholung und Vorbereitung. Wenn man einen langen Anfahrtsweg hat, schrumpft die Nachmittagszeit auf wenige Stunden zusammen. Natürlich gibt es auch dienstfreie Tage, aber sie sind unregelmäßig, erst kurzfristig vorhersehbar und meistens nicht am Wochenende, denn verständlicherweise finden Konzerte und Opernaufführungen vermehrt am Wochenende statt, wenn das Publikum Freizeit hat. Dadurch ist es nicht möglich, in einem gleichmäßigen Rhythmus zu leben; man hat die Probleme jedes im „Schichtdienst" arbeitenden Menschen.

Nach den Aufführungen dauerte es ein bis zwei Stunden, bis Robert zur Ruhe gekommen war und Schlaf fand. Der ganze Tag war vom „Dienst" geprägt, eine längere zusammenhängende Entspannungszeit gab es nicht. Robert übte täglich Cello, bereitete sich gewissenhaft auf den Abend vor, stand so immer unter Spannung. Es wurde mir bald verständlich, dass ich Alltagsarbeiten von Robert nur phasenweise erwarten durfte. Er konnte nicht schnell von der Hausarbeit auf seine verantwortungsvolle Tätigkeit als Solocellist umschalten. Niemals hätte er seine große Lebensleistung auf dem Cello erbringen können, wenn er die Priorität seines Künstlerdaseins nicht so vehement durchgesetzt hätte.

Wenn er vor Konzerten oder Opernaufführungen manchmal in aggressiver Spannung oder in trauriger Niedergeschlagenheit war, dann waren solche Stimmungen nach dem Musizieren wie verwandelt: In strahlender, entspannter Gelassenheit kam er nach Hause.

An freien Tagen machte Robert am liebsten zusammen mit mir Ausflüge in die nähere und weitere Umgebung: Wir fuhren dann mit der Bahn in eine Stadt wie Lübeck, Bremen oder Schwerin und bummelten verliebt durch die Geschäfte. Dabei unterließ Robert niemals seine „Fingerübungen": So nannte er die Handbewegung, mit der er in Musikläden CD-Kästen durchstöberte, um etwas Neues für seine Sammlung zu entdecken. Das konnte durchaus eine Stunde oder länger dauern, in dieser Zeit schickte er mich los: „Kauf dir etwas Schönes!" Außerdem besuchten wir die großen Kirchen, kauften dort Postkarten mit Orgelabbildungen, die Robert beim anschließenden Essen an Freunde schrieb.

Robert war ein Genussmensch, Süßspeisen liebte er besonders. Wenn wir unterwegs waren, war ein ausgedehnter Café-Besuch obligatorisch, am liebsten in stilvollen, altmodischen Lokalen. Robert grüßte beim Eintreten laut und selbstbewusst und legte seinen Mantel ab. Dann stand er mit sichtlicher Vorfreude vor der Kuchentheke, die Hände über dem Bauch verschränkt, den Kopf leicht geneigt, und konnte sich nicht zwischen den Köstlichkeiten entscheiden: „Welcher Kuchen ist das, und dieser dort ... und dieser?" Möglichst viel „Klitsch" musste er enthalten, also Vanillepudding, Buttercreme, Marzipan und weiche Schokolade. Alle geliebten Schmausereien wollte Robert um sich versammeln; oft bestellte er mit schlechtem Gewissen (wegen der Anzahl der Kalorien und wegen der reichlichen Zuckermenge) drei Stücke Torte und schaffte es problemlos, sie aufzuessen, meistens von zwei servierten Tellern, weil die Bedienung meinte, wir seien zu dritt. Häufig beschrieb er mir seine Lieblingstorte, die man anscheinend nur in Schweden essen kann: Roberts Augen strahlten und seine Wangen glänzten, wenn er eifrig von Schichten grünen Marzipans, Biskuit, Marmelade und Sahne schwärmte, deren Krönung aus einem Belag von grobem Zucker besteht, der, um den Genuss zu vervollkommnen, beim Hineinbeißen kracht und an den Zähnen kleben bleibt.

In Sachen Haushalt war Robert recht unerfahren und ungeschickt, aber das Kochen von zwei „Gerichten" beherrschte er: Nudeln und Tee. Allerdings geschah es gelegentlich, dass er die Nudeln schon ins kalte Wasser legte, entsprechend war das Resultat. Tee bereitete er allerdings meisterhaft. Dazu eine Kerze auf den Tisch, etwas Süßes – mehr brauchte Robert nicht, um sich wohl zu fühlen. Wie viele heimelige Herbstnachmittage haben wir so verbracht, dazu manchmal „Scrabble" gespielt oder einfach miteinander gesprochen! Wir hatten nie Mangel an Gesprächsthemen und haben uns, im Café sitzend, über schweigende Paare an Nachbartischen gewundert. Robert fühlte sich dann bestätigt, dass er mich gefunden hatte: „Ich würde dich jederzeit noch einmal heiraten!"

Als Robert pensioniert war, haben wir meine Ferien häufig zu Kurzurlauben in kulturell interessanten Städten wie Amsterdam, Kopenhagen oder Stockholm genutzt. Gern fuhren wir auch zu einem Freund nach Berlin, um die Stadt zu besichtigen und – natürlich! – die Berliner Philharmoniker zu hören. Irgendwie gelang es Robert immer, kurzfristig zwei Konzertkarten zu bekommen. Er liebte den intensiven, warmen Klang des Orchesters über alles und saß von der ersten bis zur letzten Minute des Konzerts gespannt lauschend auf der vordersten Kante des Besuchersessels. Schon zu Karajans Zeiten verehrte Robert das Orchester, in dem er gern Erster Solocellist gewesen wäre. Dieser Platz war jedoch von einem anderen ehemaligen Troester-Schüler besetzt, und als man Robert 1963 zum Probespiel für den zweiten Platz einlud, sagte er ab. Herbert von Karajan war einer der wenigen großen Dirigenten, unter denen Robert zu seinem Bedauern nie gespielt hat.

In Berlin haben wir mehrmals den Jahreswechsel mit einem romantischen Sylvesterball erlebt. Das Geheimnis unserer nicht nachlassenden Liebe lag wohl mit darin, dass wir dem Alltag immer wieder entflohen und uns zu zweit fernab von allen durchaus vorhandenen Problemen herrlichen Genüssen hingaben.

Es war für Robert eine schwere Entscheidung, seine langjährige Wohnung zu verlassen. Aber er sah ein, dass die räumliche Enge die Konflikte zwischen ihm und Daniel verschärfte, zumal wir alle täglich üben mussten. Übergangsweise zogen wir in eine etwas größere Wohnung in Ottensen, um uns dann 1996 am Stadtrand von Hamburg ein Haus zu kaufen, in dem jeder von uns viel Platz hatte. Robert war froh, endlich wieder ein eigenes großes Zimmer zu haben; es hatte einen separaten Eingang, der nur über einen Hof zu erreichen war. Hier konnte er ungestört arbeiten, unterrichten, Musik hören und sich innerlich und äußerlich ausbreiten. Bis zu seinem Tod war dieser Raum für ihn eine Oase der Kreativität und Ruhe.

Für mich war die Phase des Hauskaufs und der Einrichtung eine äußerst anstrengende Zeit, da ich in der Schule hart arbeiten musste. Robert half mir, indem er mich im Schulorchester bei der Probenarbeit unterstützte und bei Aufführungen zur Freude der ganzen Schule selbst mitspielte. Dabei hielt er sich stets bescheiden zurück und stellte seine Fähigkeiten in den Dienst des Konzerts.

Nach einer Eingewöhnungszeit in dem neuen Haus entspannten wir uns, und Robert ging mit dreiundsechzig Jahren in den Ruhestand. Diesen genoss er vom ersten Tag an in vollen Zügen, hatte er doch vierundvierzig Jahre Berufstätigkeit hinter sich und noch viele Möglichkeiten als Musiker vor sich.

Wir genossen unser neues Heim und gestalteten es nach unseren Wünschen. Die Freiheit, zu jeder Zeit Musik machen zu können, ohne Nachbarn zu stören, erlebten wir beide zum ersten Mal in unserem Leben. Wir feierten musikalische Feste zu unseren Geburtstagen und führten Kammermusikproben im Wohnzimmer durch. In verschiedenen Formationen wie Streichquartett, Klaviertrio, Flötenquartett und auch als Duo Violoncello/Violine spielten wir Konzerte und übten unermüdlich.

Robert hatte viele Ängste und war großen Stimmungsschwankungen ausgesetzt. So maß ich seiner immer wiederkehrenden Aussage: „Ich werde unser Haus nicht lange genießen können" wenig Bedeutung zu. Seitdem ich ihn kannte, fürchtete er, im Alter von allen Menschen verlassen zu werden und „elend wie ein Hund" zu sterben.

Zusätzlich zu unserem Meerschweinchen „Finchen", das Robert zärtlich liebte, schafften wir uns einen kleinen Kater an, den Robert „Mäxchen" nannte, im Gedanken an den Komponisten Max Reger. Die Tiere waren für Robert wichtige Hausgenossen.
Im Sommer fuhren Robert und ich regelmäßig zum Wandern in die Schweizer Berge. Robert war ein zwar recht langsamer, aber ausdauernder Wanderer, der die Natur, besonders die Tierwelt, mit liebevoller Aufmerksamkeit bedachte. Trotz seiner Herzprobleme wanderte er in den Ferien in großen Höhen und fühlte sich dabei froh und frei. Mehrmals besuchten wir die „Chasa Mengelberg", das ehemalige Engadiner Haus des holländischen Dirigenten Willem Mengelberg, das nach dessen Tod in eine Stiftung umgewandelt worden war. Es liegt in der Einsamkeit eines Bachtales und ist im Sommer geöffnet für Musiker und deren Freunde, die dort Ruhe und Anregung finden. Seit Mengelbergs Tod haben verschiedene Menschen das Haus geleitet; im Moment ist der ehemalige langjährige Solohornist des Concertgebouw Orchesters, Adriaan van Woudenberg, der Hausherr. Mit ihm war Robert in einer herzlichen Musikerfreundschaft verbunden.
Wenn wir Urlaub machten, fuhr Robert mit der Bahn zum Urlaubsort, weil er im Auto große Ängste ausstand. Ich benutzte dennoch das Auto, um unser Gepäck zu

transportieren und am Ort beweglicher zu sein. Dadurch ergab sich eine Trennung von einem bis zwei Tagen, die Robert in den elf Jahren unseres gemeinsamen Lebens immer wieder als unerträglich empfand. Er war meiner Nähe so „bedürftig", wie er sagte, dass auch kurzes Alleinsein ihn quälte. Das Wiedersehen war dann ein wahres Freudenfest!

Der zweijährige Robert

Einschulung

1953 (Bamberg)

STADT KÖLN
DER GÜRZENICHKAPELLMEISTER

KÖLN, Gürzenich

Ihr Schreiben vom	Ihr Zeichen	Tag	Zeichen	Fernsprecher 26 21
		1.9.56		Nebenstelle 325
			Bei Antwort angeben	Fernschreiber 088 8337

Betr.

Zeugnis

Herr Robert Reitberger hat als Cellist dem Gürzenich-Orchester der Stadt Köln vom 1.9.1954 bis 31.8.1956 angehört. Herr Reitberger hat die an ihn gestellten künstlerischen Anforderungen in hervorragender Weise erfüllt. Er verlässt seine Stellung auf eigenen Wunsch.

Den jungen, begabten Künstler begleiten meine besten Zukunftswünsche.

(Prof. Wand)

Konten der Betriebskasse: Stadtsparkasse Köln Nr. 12 464 · Postscheckkonto Köln Nr. 60970

Robert Reitberger

Solocellist des Philharmonischen Staatsorchesters, Hamburg

Daten:

Schüler von Prof. Artur Troester,
Staatliche Hochschule für Musik, Hamburg

1953 – Mitglied der Bamberger Symphoniker
1954 – Mitglied des Gürzenichorchesters, Köln
1956 – Mitglied des Bayerischen Staatsorchesters, München
1958 – 1. Solist des Tonhallenorchesters Zürich
1960 – Mitglied des Philharmonischen Staatsorchesters, Hamburg
1962 – Solocellist des Philharmonischen Staatsorchesters, Hamburg

Konzertreisen durch Deutschland, Spanien, Holland und die Schweiz

Presse

... lernte man in dem Hamburger Solocellisten Robert Reitberger einen feinnervigen Künstler kennen, den man sehr bald zur Elite der Cellisten zählen wird. Das prachtvoll gegliederte Werk gab ihm Gelegenheit, seine große Kunst eindrucksvoll zu beweisen. Die klanglichen Probleme seines Instruments, vor allem die Tongebung, scheinen für ihn gar nicht vorhanden zu sein. Besseres läßt sich über einen Cellisten nicht sagen. (Schweinfurt)

Magnifico el "Concierto en mi menor" para cello y orquesta, de Vivaldi, y magnifico también el solista (Robert Reitberger), de sonido pastoso, que en el "Largo" y "Lento expresivo" el abaritonado sonido del instrumento flotaba sobre el fondo armónico de la orquesta ... El cellista fue muy aplaudido. Es instrumentista de gran categoria artística. (Sevilla)

Robert Reitberger widmete sich seinem Part so intensiv und dabei gar nicht gequält, daß man aufhorchen mußte. Der berühmte Funke, der überspringt, er war hier zu spüren. (Würzburg)

Reitberger gewinnt durch seine lebendige Musizierfreudigkeit, seine beherrschte Bogenführung und die reine Intonation der Höhe und der Doppelgriffe. (Zürich)

Mit der Solopartie (Cellokonzert von Monn) erspielte sich der Hamburger Solocellist Robert Reitberger einen stürmischen Erfolg, der eine Zugabe unerläßlich machte. (Düsseldorf)

Helle Freude hatte man an dem blutvollen Musizieren des jungen Cellisten Robert Reitberger. Ein warmer, voller Ton singt die breite Adagio-Kantilene. Spritzige Leichtigkeit gibt dem Finale virtuosen Anflug. Robert Reitberger ist ein tüchtiger Cellist. Charme und tänzerische Grazie zeichneten ein Vivaldi-Konzert aus ... Robert Reitberger hat als Solist keineswegs den Ehrgeiz, in die südlich verspielte Musik transzendente Tiefen hineinzugeheimnissen. Mit natürlich irdischer Klangfreude führte sein Violoncello das zartbeschwingte Orchester. (Nürnberg)

Repertoire

Haydn	– Cellokonzert D-Dur, op. 101
Dvorak	– Cellokonzert h-Moll, op. 104
Schumann	– Cellokonzert a-Moll
Boccherini	– Cellokonzert B-Dur
Vivaldi	– Cellokonzert e-Moll
	– Cellokonzert c-Moll
Monn	– Cellokonzert g-Moll
Ernst Bloch	– "Schelorno", Rhapsodie
Khatschaturian	– Cellokonzert
Pfitzner	– Cellokonzert G-Dur
d'Albert	– Cellokonzert C-Dur

Alleinvertretung: **Joachim Delseit** – Konzertbüro
5000 Köln-Holweide, Rudolf-Breitscheid-Straße 1
Telefon: 6 96 49 Telegramme: Konzertdel, Köln-Holweide

Plakat des Konzertagenten

1970

Sommer 1980

Musikhalle Hamburg – Das Philharmonische Staatsorchester unte

Ceccato, Solist David Oistrach – Robert Reitberger als Erster Solocellist, 1978

Bayreuther Orchestergraben

Feierstunde im Bayreuther Festspielhaus 1988
Links Wolfgang Wagner neben R. Reitberger

Mai 1991 – Nach der standesamtlichen Trauung an der Alster (Hamburg)

Oktober 1992 – Kirchliche Trauung in der Michaeliskirche in Hamburg

Taormina 1996

Einspielen vor dem Konzert (Ungarn)

Duo mit Andreas Schumacher

Konzert in der Christianskirche Hambur[g]

J.S. Bach Musikalisches Opfer, 1995

1996 Chasa Mengelberg
Robert Reitberger und Adriaan van Woudenberg

1998 Chasa Mengelberg
Robert und Ursula Reitberger

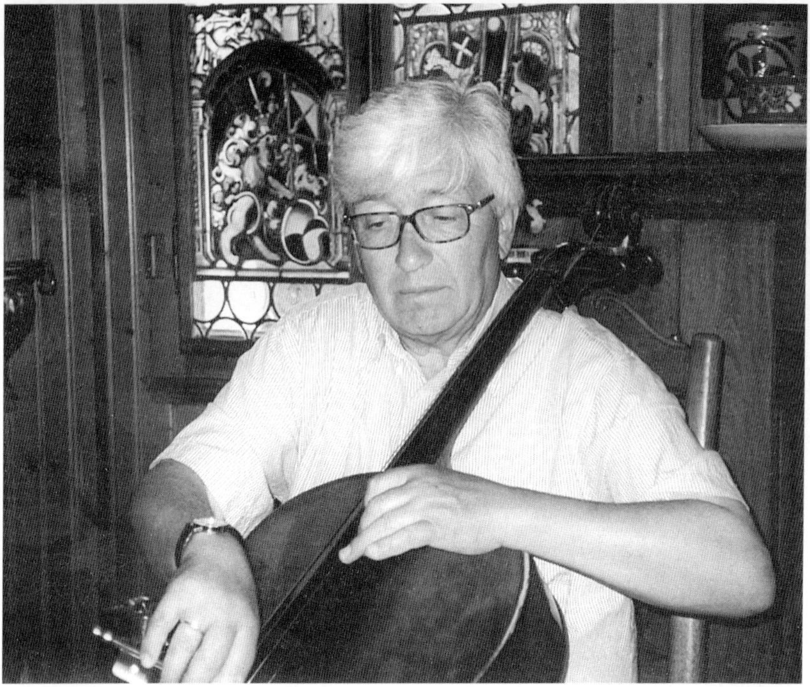

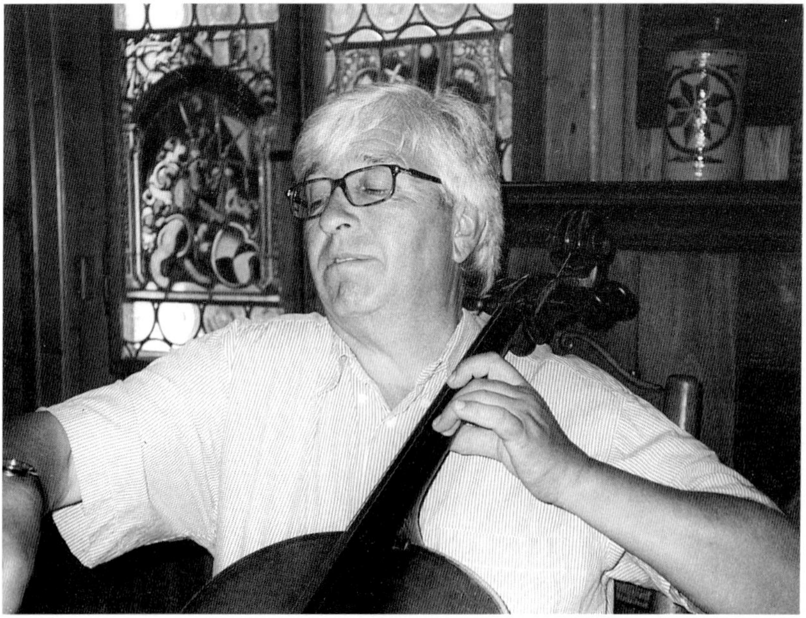

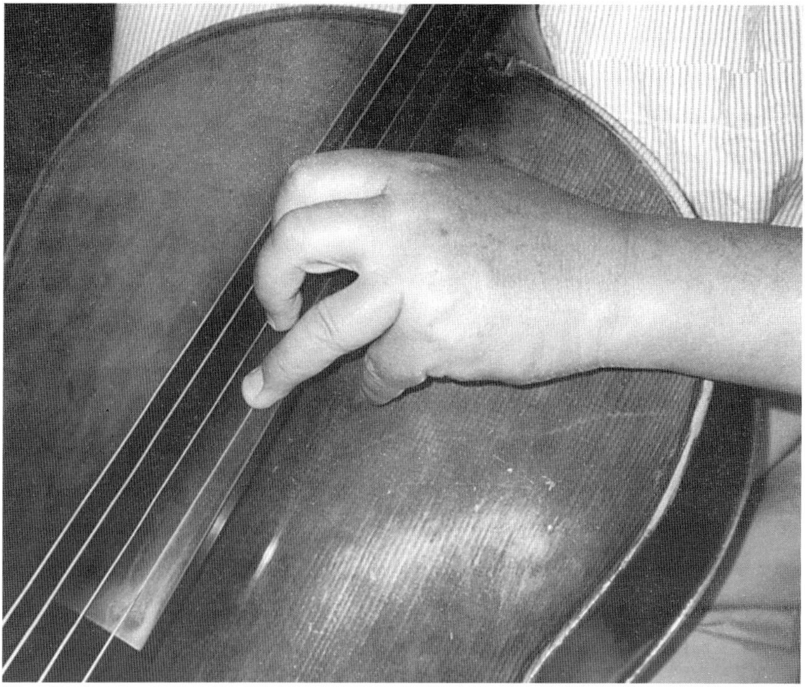

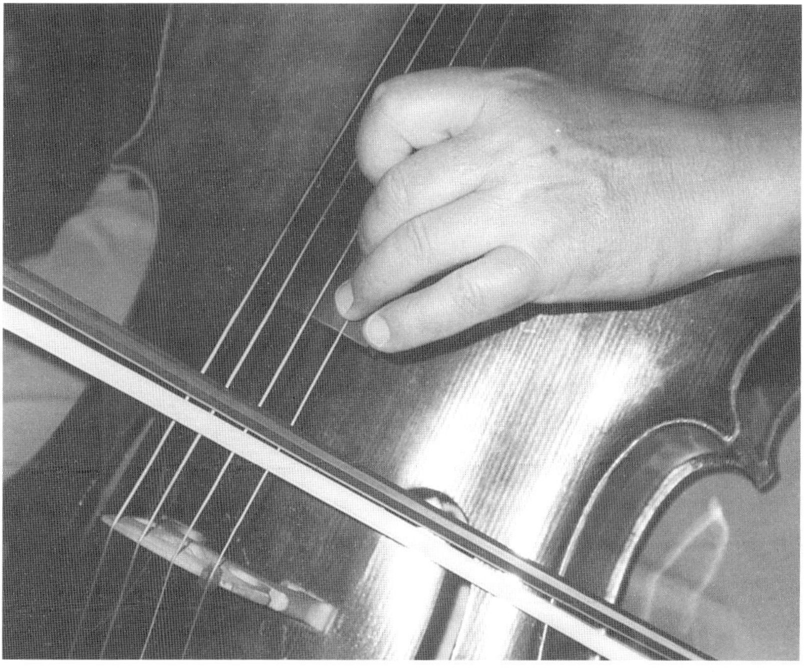

Sommerurlaub in der Schweiz 1998

CD-Aufnahme Ostern 2000

Mittwoch, 19. Juli 2000

Klassik sehr gekonnt interpretiert

Uetersen (tk). Die Konzerte in der „Klostergalerie" gehören meist zu denen der stilleren und besinnlicheren Art. Auch für die jüngste Veranstaltung hatte Galeristin Heinke Liebe ein kleines Ensemble engagiert, das sich der Interpretation klassischer Musik verschrieben hat. Der Name war diesmal allerdings nicht Programm: Das „Schubert-Quartett" präsentierte sich nämlich nicht mit Werken des österreichischen Komponisten, sondern hatte sich für sein Konzert drei Stücke von Georg Philipp Telemann, Joseph Haydn und Ludwig van Beethoven ausgesucht.

Das Programm und die Interpreten waren sicherlich nicht Schuld daran, dass sich lediglich knapp 20 Besucher in dem historischen Gebäude einfanden.

Mayumi Shimizu (Violine), Ursula Reitberger (Violine), Dorothee Vieth (Viole) und Robert Reitberger (Violoncello) arbeiten seit vielen Jahren künstlerisch zusammen. In dieser Besetzung spielt das Quartett regelmäßig seit etwa drei Jahren und konzertiert meistens im Großraum Hamburg.

Das „Schubert-Quartett" präsentierte sich in dem historischen Gebäude der „Klostergalerie" mit Werken von Telemann, Haydn und Beethoven. *Foto: Krohn*

Bei ihrem Auftritt in der „Klostergalerie" überzeugten die vier Musiker mit einer sensiblen Gestaltung der Themen. Sowohl beim „Streichquartett A-Dur" Telemanns, dem „Quintenquartett" Haydns als auch bei Beethovens „Streichquartett Nr. 8 c-Moll" bewiesen die Interpreten viel Gespür für die kammermusikalischen Momente und fanden sich schnell zu einem ausbalancierten Miteinander zusammen. Viel Beifall war am Ende des Konzerts der Dank der Zuhörer für ein rundum gelungenes musikalisches Ereignis.

Das letzte Konzert mit dem „Schubert-Quartett" Juli 2000

Fest zu Roberts 67. Geburtstag
Daniel und Robert

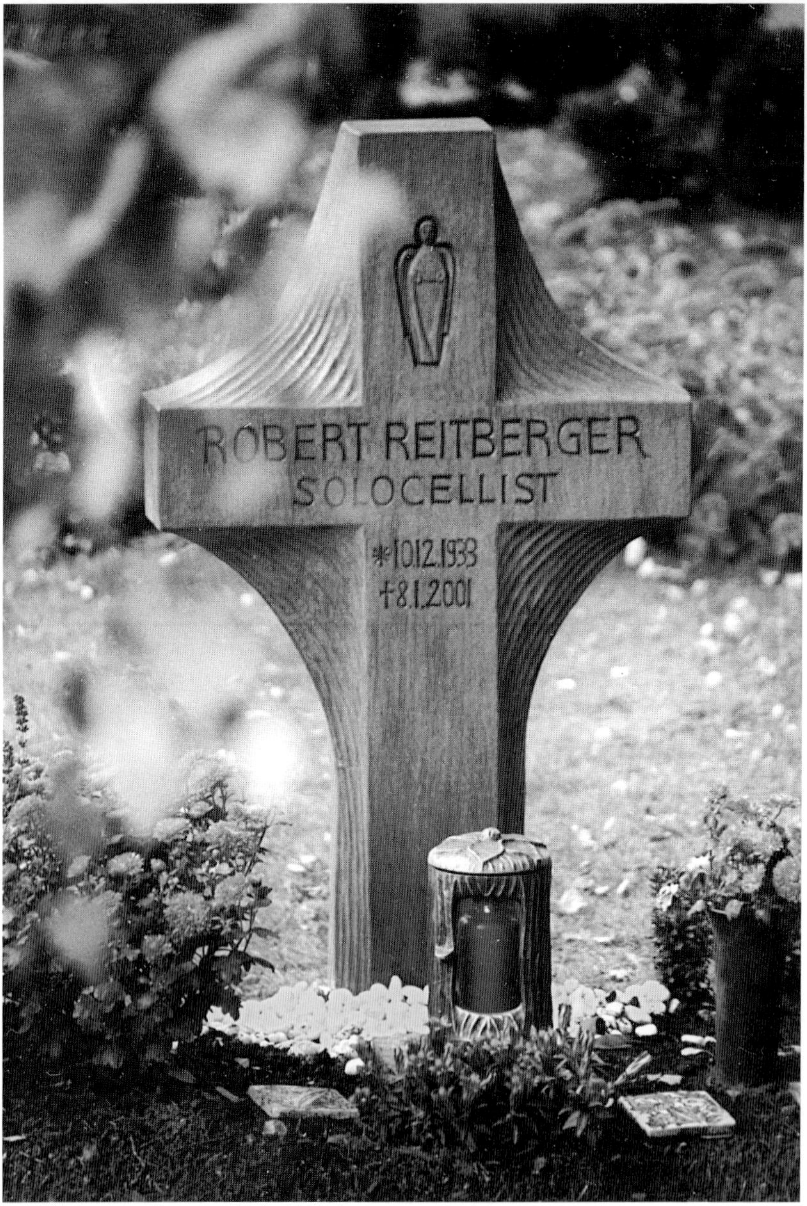
ROBERT REITBERGER
SOLOCELLIST
*10.12.1933
†8.1.2001

Diagnose Leukämie

Herr, lehre doch mich,
daß ein Ende mit mir haben muß
und mein Leben ein Ziel hat
und ich davon muß.
Siehe, meine Tage sind eine Handbreit vor Dir,
und mein Leben ist wie nichts vor Dir.

Ach, wie gar nichts sind alle Menschen,
die doch so sicher leben.
Sie gehen daher wie ein Schemen
und machen ihnen vergebliche Unruhe;
sie sammeln und wissen nicht,
wer es kriegen wird.
Nun, Herr, wes soll ich mich trösten?
Ich hoffe auf Dich.
           Psalm 38 (39), Verse 5-8

Im Frühjahr 1999 geschah etwas Eigenartiges: Ich bekam unerklärliche Angstzustände. Da sie meine Arbeit in der Schule erschwerten, begab ich mich in ärztliche Behandlung, die jedoch keinen nennenswerten Erfolg hatte. Im Sommer waren wir wieder in den Schweizer Bergen, aber auch der Urlaub brachte keine Verbesserung meines Zustandes. Da mein Blick getrübt war, war ich unsicher, ob meine Beobachtung richtig war: Robert schien mir schwächer als sonst zu sein. Bei anstrengenden Wanderungen mit großen Höhenunterschieden hatte er weniger Kraft als in den vergangenen Jahren. Wir suchten uns also Touren aus, die mehr bergab als bergauf gingen. Robert bemerkte seine Veränderung selbst nicht oder wollte das Nachlassen seiner Kraft nicht wahrhaben.

Erst im Herbst wurde die Ursache für meine weiter anhaltenden Panikattacken gefunden: Zu Anfang der Ferien machten wir eine Städtetour nach Amsterdam. Ausdauernd liefen wir von einer Sehenswürdigkeit zur nächsten, besuchten Konzerte und gingen einkaufen. Einen ernsten Streit hatten wir, als mich die ausgedehnten Spaziergänge, die Robert anführte, völlig erschöpften. Wieder zu Hause, bekam Robert eine hartnäckige Erkältung, die sich in einen fieberhaften Infekt steigerte. Ungewöhnlicherweise legte sich Robert ins Bett und schlief auch tagsüber oft. Wir witzelten über ihn als „Pflegefall" und nahmen das Ganze nicht weiter ernst. Am letzten Tag meiner Ferien bekam Robert Atemnot und ich rief unseren Arzt an. Er riet uns, bei weiterer Verschlechterung am nächsten Morgen ins Krankenhaus zu fahren. Obwohl sich Robert zunächst ängstlich weigerte, stimmte er schließlich einer Untersuchung im Krankenhaus zu. Es wurde eine beidseitige Lungenentzündung diagnostiziert und mit entsprechenden Medikamenten behandelt, die allerdings tagelang keine entscheidende Besserung von Roberts Zustand erbrachten. Ich erwirkte in der Schule ein paar freie Tage für mich und saß so viel wie möglich an Roberts Bett und betreute ihn. Wie immer, wenn er krank war, schlief er nur dann erleichtert ein, wenn ich zu ihm kam. Er hatte im Krankenhaus dauernde Angst vor eventuellen schmerzhaften Prozeduren und fühlte sich Ärzten und Pflegepersonal hilflos ausgeliefert. Wenn ich dagegen in seiner Nähe war, konnte er sich entspannen, weil er darauf vertraute, dass ihm dann nichts geschehen konnte.

Es folgten weitere Untersuchungen, und das nährte meine Ahnung, dass sich hinter der Lungenentzündung eine ernsthafte Grunderkrankung verbarg. Roberts Fieber sank allmählich, aber Robert machte einen verwirrten und schwachen Eindruck. Am Tag seiner bevorstehenden Entlassung rief er mich an, bevor ich ihn gegen

Mittag mit dem Auto abholen wollte. Er sagte, der Chefarzt wolle mich sprechen.

Was konnte das bedeuten? Ich erschrak zu Tode! Hat der Arzt nicht gestern von einer zu niedrigen Leukozytenzahl gesprochen? Welche Krankheit ist es? Leukämie? Bitte nicht! Oder kann es auch einfach eine Medikamentenunverträglichkeit sein? Aber würde mich dann der Chefarzt sprechen wollen? Wieso eigentlich mich?

Noch nie und nie wieder bin ich so schnell zu dem Krankenhaus gefahren. Am Eingang traf ich den Arzt und sprach ihn mit weichen Knien an. Er wollte mit mir in sein Zimmer gehen, aber ich konnte nicht warten und fragte ihn atemlos auf der Treppe: „Ist es Leukämie?" Er sagte ganz einfach: „Ja." Ich taumelte, fing mich wieder und folgte ihm zum Arztzimmer. Dort erfuhr ich Einzelheiten über Roberts Krankheit: Es war akute myeloische Leukämie mit einer zu erwartenden aggressiven Verlaufsform, die in kurzer Zeit zu Roberts Tod führen würde. Wie lang seine Lebenserwartung war, konnte der Arzt natürlich nicht sagen, aber sein deprimierter Gesichtsausdruck vermittelte mir den Eindruck, dass es sich nicht um eine lange Zeit handeln konnte. „Haben Sie meinem Mann die Diagnose schon mitgeteilt?" „Nein." So gingen wir gemeinsam zu Roberts Zimmer, um ihn zu informieren. Ich wagte nicht, ihn anzusehen, in der Furcht, er könne meine Gedanken lesen. Und dann geschah etwas sehr Eigenartiges: Der Arzt sprach zu Robert von Veränderungen in seinem Knochenmark, von nicht auszuschließenden Vorgängen, die beobachtet werden müssen etc. Mit anderen Worten: Er verschwieg Robert die Krankheit und schrieb in seinen Arztbericht: „Der Patient dürfte die Tragweite der Diagnose nicht erfasst haben." Wie hätte er das tun können?

Eine Vielzahl von Fragen stürmte auf mich ein. Aber zunächst musste Robert erfahren, dass sein Leben unmittelbar bedroht war, und ich hatte die furchtbare Aufgabe, ihm das mitzuteilen. Robert wurde aus dem Krankenhaus entlassen, aber er war noch so geschwächt von der Lungenentzündung, dass er nur einige Schritte laufen konnte. Ich wollte also ein paar Tage warten mit meiner Mitteilung und half ihm zunächst, wieder auf die Beine zu kommen. In den Nächten lagen wir beide wach, zwischen uns war mein Wissen von der schweren Krankheit. Obwohl Robert sicher spürte, dass ich ihm etwas verbarg, wagte er nicht, mich danach zu fragen. Als seine Kräfte zurückkehrten, erklärte ich Robert bei einem Spaziergang, was mir der Arzt gesagt hatte. Ihn interessierte nur die Frage: Wie lange noch?

Die Frage einer möglichen Therapie beschäftigte uns, sobald wir uns von unserem ersten Schrecken erholt hatten. Robert schloss eine Chemotherapie entschieden aus, zumal uns ein Spezialist im Altonaer Krankenhaus auf die geringen Heilungschancen bei akuter Leukämie in Roberts Alter und in seinem medizinischen Fall hinwies. Robert graute es vor den eventuellen Nebenwirkungen und auch vor der zerstörerischen „erwünschten" Wirkung einer Chemotherapie. Es blieb das Problem: Welcher Arzt konnte Robert begleiten? Sein Hausarzt Gerd war dazu gerne bereit, aber Robert wollte auch von anthroposophischer Seite medizinisch unterstützt werden. Von dort erwartete er keine Heilung, aber eine ihm gemäße menschliche Einschätzung seiner gesundheitlichen Lage, verbunden mit einer ganzheitlichen Therapie. Wir fragten Barbara, die Frau eines Kollegen von mir, von deren guten ärztlichen Fähigkeiten ich gehört hatte, ob sie Robert zur Seite stehen wollte. Sofort sagte sie ohne zu zögern zu, wobei ihr wohl bewusst war, dass dazu wahrscheinlich eine Sterbebegleitung gehören würde. Mit Engagement und Wärme nahm sie sich Roberts in langen Besuchen an. Sie begann eine Misteltherapie, wohl wissend, dass die Mistel bei anderen Krebsarten weitaus erfolgversprechender ist. Dennoch stärkte die Behandlung Robert, und er wusste sich von Anfang an in den richtigen ärztlichen Händen.

Meine unerklärlichen Angstzustände fanden mit dem Wissen über die Diagnose ihr abruptes Ende. Ich hatte Roberts Krankheit gespürt, ohne einen bewussten Zugang zu meiner Ahnung bekommen zu können.

Wir beschlossen, ganz offen mit Roberts Krankheit umzugehen und alle mit uns lebenden Menschen davon zu informieren. Diese Aufgabe kam Roberts Wunsch entsprechend mir zu. Dazu gehörten unsere Angehörigen, aber auch die Freunde und mein Kollegium. Mein Vater sagte: „Scheiße!", als ich mit ihm am Telefon sprach, und interessanterweise benutzte mein Bruder dasselbe Wort. Diese Kommentare meines Vaters und meines Bruders blieben mir deshalb im Gedächtnis, weil sich beide normalerweise dieses Wortes nicht bedienen.

Ich nahm ein Buch zur Hand, das mich in jungen Jahren beeindruckt hatte: „Diktate über Sterben und Tod" von Peter Noll, der nach der Diagnose Blasenkrebs eine medizinische Behandlung ablehnte und begann, ein Tagebuch über seine letzte Lebenszeit zu schreiben. Dort fand ich Folgendes: „Das Wort, das am häufigsten fiel, wenn ich meinen engsten Freunden den Befund mitteilte, war ‚Scheiß', auf Hochdeutsch; Christoph und Max Frisch z. B. verwendeten es. Kein Zufall, denn es ist treffend, bezeichnet genau und ohne Pathos das plötzlich aufgeschreckte Mitgefühl."

So schwer es auch war, immer wieder zu sagen: „Robert hat Leukämie", so wichtig und tröstlich war es doch, von den Menschen in unserer Umgebung getragen zu werden. Wir erlebten viel Zuwendung in kleinen Dingen wie Einladungen, Weihnachtskarten, Briefen oder einfach nur Umarmungen und waren dankbar dafür.

Zunächst gingen wir von wenigen verbleibenden Lebenswochen aus. Wir erfuhren, dass die akute myeloische Leukämie häufig sehr schnell zum Tode führt. Andererseits realisierten wir im Rückblick auf das vergangene Jahr, dass Robert wohl schon fast ein Jahr lang krank war. Das machte uns Mut, und wir beschlossen zusammen mit Barbara, unseren Blick zu weiten. So führten wir eine Ernährungsumstellung durch mit weniger Fleisch und mehr Frischkost als bisher. Zusätzlich nahm Robert stabilisierende Vitamine und Spurenelemente, und er fühlte sich tatsächlich immer wohler.

Mit zum Programm gehörte auch die allwöchentliche Blutuntersuchung, die uns jedes Mal in haltlose Panik versetzte. Die Zeit zwischen der morgendlichen Blutentnahme und der Ergebnismitteilung am Nachmittag war in der ersten Zeit so unerträglich, dass wir uns manchmal unkontrolliert anbrüllten oder weinten. Die Werte wurden langsam schlechter, die Zahl der Leukozyten sank schon in dieser Zeit auf 1500. Dadurch war Robert extrem infektgefährdet, er musste sich von erkälteten Personen unbedingt fernhalten, im Winter eine schwierige Aufgabe.

Die Dramatik von Roberts Gesundheitszustand entband mich nicht meiner Pflichten in der Schule, und ich bemerkte bald, dass ich nur im Unterricht mit den Kindern zeitweise meine Angst vor der Zukunft „vergessen" konnte. Im Schulchor bereitete ich das „Weihnachtsoratorium" von J. S. Bach vor, das ich am 10. Dezember, an Roberts Geburtstag, mit Chor und Orchester in der Christianskirche in Hamburg-Altona aufführen wollte. Das war weniger als vier Wochen nach Roberts Entlassung aus dem Krankenhaus, und er sollte das Continuo-Cello spielen! Er hatte das Werk natürlich unzählige Male in dieser Funktion gespielt und konnte mich damit an entscheidender Stelle unterstützen. In den ersten Tagen hatte er kaum Kraft, den Bogen zu halten und spielte zitternde Tonleitern wie ein Anfänger. Aber mit eisernem Willen hat er geschafft, zum Aufführungstermin „fit" zu sein. Ich stand am Dirigentenpult, und Robert erfüllte seinen Part so klangvoll und sicher wie immer. Neben ihm saß Daniel, der das Weihnachtsoratorium zum ersten Mal spielte und sich von Mutter und Stiefvater führen ließ. In unsere kummervollen Herzen strömte im gemeinsamen Musizieren der Glanz der Weihnachtsbotschaft.

Die Sicht auf die akute Begrenzung des Lebens fordert die Frage heraus, wie man den „Rest" gestalten möchte. Robert sagte sehr bald, dass er keine spektakuläre Unternehmung wie zum Beispiel eine Weltreise starten, sondern eigentlich genau so wie bisher weiter leben wolle. Er wollte keine entlegenen Heilungsversuche in Amerika unternehmen und eigentlich über seine Krankheit auch nichts wissen. Er las keine „Krebsbücher" und besuchte keine einschlägigen Vorträge, obwohl er viele Anregungen dieser Art bekam. Er war allerdings seelisch bis ins Mark erschüttert und reagierte mit Schuldzuweisung und Aggressionen gegenüber Daniel, der deshalb vorübergehend zu Freunden zog. Besänftigende Gespräche mit Pastor O., der uns besuchte, und mit Barbara ließen Robert schließlich einsehen, dass es keinen „Schuldigen" gab, der für seine Krankheit verantwortlich war. Robert wich nicht von meiner Seite und war noch liebebedürftiger als bisher. Wir versuchten, immer wieder „Pause" von der

Krankheit zu machen und gelegentlich einen ganzen Tag nicht darüber zu sprechen und einen Ausflug zu machen.

Der Spezialist im Altonaer Krankenhaus hatte prognostiziert, dass Robert im Verlauf der Krankheit immer schwächer werden würde bis zu einer eventuellen Bettlägerigkeit. Da er sich jedoch trotz seiner schlechten Werte immer kräftiger fühlte, wich allmählich unsere Angst vor einem ganz nahen Tod. In winterlicher Kälte machten wir lange Spaziergänge und hätten eine glückliche Weihnachtszeit verlebt, wenn über uns nicht die Schwärze der Angst gehangen hätte.

Das Weihnachtsfest verlebten wir bei meinen Eltern, in der festen Annahme, dass es Roberts letztes war. Wir beteten um Roberts Leben und, wenn es schon sein musste, um einen gnädigen leichten Tod.

Seit der Mitteilung über Roberts Krankheit war unser Leben nicht mehr planbar. Dennoch gingen wir immer davon aus, dass Robert lebte ... bis zum nächsten Konzert, zum nächsten Urlaub, zur nächsten Einladung.

Leben mit der Angst

Selig sind, die da Leid tragen,
denn sie sollen getröstet werden.
Matthäus 5,4

10. 5. 2000

Wir versuchen, das Leben festzuhalten und reden nicht viel über Roberts Krankheit, obwohl ich ständig daran denke. Roberts Leukozyten sind jetzt bei 700, der Hämoglobinwert bei 9,7. Wir wissen, dass sein Leben bald zu Ende ist, und Roberts Gemütszustand wechselt zwischen Wut, Angst, Ergebenheit und schlichtem Ignorieren. Dennoch wird er schwächer, schläft mehr und sieht blasser aus. Er hat einen bemerkenswerten Lebenswillen und schöpft seine ganze Kraft aus der Musik und aus unserer Liebe. Ich habe immer mehr das Bedürfnis, alles für später festzuhalten, um meine Einsamkeit, mein Leben ohne ihn dann besser ertragen zu können. Wir haben Konzertaufnahmen gemacht, ich fotografiere ihn, verbringe viel Zeit mit ihm und habe viel weniger Außenkontakte. Wir gehen oft in die Kirche.

Daniel versucht sich verständlicherweise zu distanzieren, er hat nun Cellounterricht bei Frau B., hoffentlich ist es gut für ihn. Robert ist noch immer tief getroffen, dass Daniel von ihm als Lehrer weggegangen ist und spricht kaum mit ihm. Leider arbeitet Robert nicht erkennbar an seiner Beziehung zu Daniel, obwohl mehrere nahestehende Menschen ihm Hilfe angeboten haben. Wenn sich doch zwischen den beiden endlich etwas bewegen würde! Manchmal habe ich keine Kraft mehr zu vermitteln und werde unkontrolliert aggressiv.

Trotz seiner schlechten Werte macht Robert lange Spaziergänge und übt viel, spielt auch Konzerte. Er bekommt noch keine Dauerantibiotika, er hatte schon seit mindestens sechs Wochen keine Infektion mehr. Ich bin sozusagen Aufpasserin für Roberts Gesundheitszustand. Im Moment ist Robert unglaublich fit, aber ich habe Angst davor, was kommen mag, wenn es ihm schlechter geht. Hoffentlich muss er nicht lange leiden! Ich habe Angst vor Blut, Roberts Tränen und dieser schrecklichen Einsamkeit, wenn er nicht mehr da ist.

11. 5. 2000

Heute muss ich nach den Ferien wieder in die Schule, das fällt mir bei dem traumhaften Wetter schwer. Ich habe einige Bücher über Lebensläufe unheilbar kranker Menschen gelesen. In allen Biographien leiden die Menschen unter ihrer Krankheit und/oder der Therapie. Bei Robert ist das ganz anders: Wüsste man nicht, dass er krank ist, dann würde man es kaum bemerken. Heute ist er strahlend nach Bremen gefahren und macht sich einen schönen Tag. Wie gut, dass er diese Freiheit noch hat! Aber seit er aus dem Haus gegangen ist, läuft hier der Fernseher, damit ich mich nicht so einsam fühle. Wenn Daniel nicht da wäre, hätte ich noch mehr Angst vor der Zukunft. Ich war noch nie in meinem Leben alleine. Aber ich nehme mir ganz fest vor, daran zu glauben, dass Robert noch eine ganze Weile lebt. Wir planen Konzerte, Ferien etc. Anders kann man es wohl nicht aushalten.

Ich frage mich manchmal, ob ich Daniel und Robert und damit auch mich in bestimmter Weise sehr unglücklich gemacht habe. War es „richtig", die beiden zusammen zu bringen? Aber hatten wir denn die Wahl? Ich erlebe eine unglaublich intensive Liebesbeziehung mit Robert. Ich kann mir ein Leben ohne ihn nicht vorstellen und frage mich dauernd, wie ich es schaffen soll, ihn unwiderruflich loszulassen. Oft glaube ich, dass ich ohne ihn nicht weiter leben will. Andererseits brauche ich manchmal Distanz, wenn er so wütend ist.

12. 5. 2000

Ich weiß, dass ich gebraucht werde, aber ich habe das Gefühl, völlig ausgesogen zu sein. Habe nicht die Kraft, mich wieder aufzubauen. Gestern war ich bei Gerd, er hat mir Blut abgenommen. Mal sehen, was dabei herauskommt, wahrscheinlich wieder nichts.
Nächste Woche haben wir unser Abschlusskonzert mit dem Kammerorchester Johann Sebastian Bach, aber es interessiert mich irgendwie gar nicht. Wir wollen nicht solange warten, bis Robert zu schwach ist, die Orchesterarbeit weiter zu machen. Also machen wir ganz geplant der Arbeit ein Ende, und dann wird sich das Orchester wohl auflösen. Eigentlich jammerschade, aber ich bin zu erschöpft, um wirklich traurig darüber zu sein. Ich glaube, kaum jemand ahnt, wie es mir geht. Meine scheinbare Kraft sehen ja alle Leute sehr gut, aber was sie nicht sehen, sind meine Schwäche und Hilflosigkeit. Vielleicht tue ich mir selbst zu sehr Leid, aber ich fühle mich so verlassen.

14. 5. 2000

Nun ist es schon wochenlang warm und trocken. Ein Wetter zum Lieben und Verlieben. Stattdessen wälzen wir Probleme wie Patiententestament, Pflichtteil. Lebenserwartung etc. Es ist furchtbar deprimierend, ich trinke zu viel, nicht wirklich viel, aber zu viel. Ich kann nicht mehr funktionieren, ich will es nicht aushalten. Ich will mich gehen lassen, froh sein. Aber alle erwarten, dass ich die Situation ganz toll in den Griff bekomme und ganz stark bin. Robert ist zur Zeit sehr deprimiert, verteilt seine CDs testamentarisch und richtet sich darauf ein, nicht mehr lange zu leben. Ob er es besser einschätzt als bisher, ob er realistischer geworden ist?

Wir machen es uns aber auch oft schön, gehen in die Stadt oder im Wald spazieren und genießen den Garten, der dieses Jahr wundervoll sprießt und blüht.

15. 5. 2000

Robert ist schwach, blass, schwitzt und spielt trotzdem phantastisch Cello. Morgen haben wir unser Orchesterkonzert, Robert spielt das Cellokonzert A-Dur von Stamitz. Nächsten Montag bekommt er bei Gerd eine Blutkonserve. Roberts großer Wunsch war, dafür nicht ins Krankenhaus zu müssen. Es ist ein solcher Segen, dass wir mit unseren Ärzten befreundet sind und dass sie uns so gut unterstützen und sogar zusammen arbeiten trotz der beiden verschiedenen medizinischen Ansätze! Robert hat großes Vertrauen zu Gerd, und er will so gerne noch leben!

Heute Abend war die Generalprobe, sie war sehr schön und natürlich sehr melancholisch. Da flossen bei einigen Orchestermitgliedern die Tränen.

Ich kann den Gedanken nicht akzeptieren, dass Robert bald nicht mehr an meiner Seite sein wird!

In einem Text von Rudolf Steiner habe ich etwas sehr Schönes und Bedenkenswertes über das Zusammenleben der Menschen mit den sogenannten Toten gelesen:

„Die Toten sind ja fortwährend da. Sie sind sich bewegend, sich verhaltend in einer übersinnlichen Welt da. Wir sind nicht von ihnen getrennt durch unsere Realität, wir sind von ihnen nur getrennt durch unseren Bewusstseinszustand. Wir sind nicht anders von den Toten getrennt, als wir im Schlafe getrennt sind von den Dingen um uns herum: Wir schlafen in einem Raume, und wir sehen nicht Stühle und vielleicht anderes nicht, das in dem Raume ist, trotzdem ist es da. Wir schlafen im sogenannten Wachzustande mit Bezug auf Gefühl und Wollen mitten unter den so genannten Toten – wir nennen es nur nicht so –, geradeso wie wir die physischen Gegenstände nicht wahrnehmen, die um uns herum sind, wenn wir schlafen. Wir leben also nicht getrennt von der Welt, in der die Kräfte der Toten walten; wir sind mit den Toten in einer gemeinsamen Welt. Getrennt von ihnen sind wir für das gewöhnliche Bewusstsein nur durch den Bewusstseinszustand."

22. 5. 2000

Robert hatte seine erste Bluttransfusion in Gerds Praxis, und es geht ihm etwas besser. Ich saß die ganze Zeit über neben ihm, über zwei Stunden, und habe Zeugnisse geschrieben. Das hat mich von meiner Angst abgelenkt. Ich kann mir leicht ausmalen, was Robert noch alles erleiden muss. Hoffentlich hat er die Gnade eines leichten Todes! Hoffentlich geraten wir nicht irgendwann in eine schreckliche Situation, Robert will auf keinen Fall in ein Krankenhaus. Ich will ihn nach Kräften unterstützen und alles tun, um ihm zu helfen.

25. 5. 2000

Gestern hatten wir Hochzeitstag und haben einen wunderschönen Ausflug nach Schwerin gemacht. Wir waren sehr glücklich in Erinnerung an unsere schöne Trauung und Hochzeitsfeier. Robert hat mir einen Strauß Rosen geschenkt. Abends waren wir beim Italiener hier in Hamburg essen, denn – o Wunder – Robert wollte Daniel mitnehmen. Es war ein harmonischer Abend, vielleicht tragen die vielen Gespräche doch Früchte.

Heute war wieder Blutkontrolle, das ist für mich immer noch der reine Alptraum. Robert geht morgens zu Gerd, der ihm Blut abnimmt. Ab dem frühen Nachmittag sind dann die Werte da, und ab dann ist mir übel. Entweder ruft Gerd dann irgendwann an, oder ich halte es nicht mehr aus und ergreife selbst die Initiative. Robert erträgt die Spannung überhaupt nicht und erwartet von mir, dass diese Information über mich läuft. Ich höre oft schon an Gerds Stimme, dass die Werte wieder abgesackt sind. Und wenn ich sie dann weiß, interpretiere ich sie mit Hilfe von Gerd und gehe in Roberts Zimmer, um sie Robert mitzuteilen. Dabei geht es um nichts weniger als um Leben und Tod bzw. um schneller oder langsamer sterben. Ich versuche, vor Robert meine schlotternde Angst zu verbergen und weiß nicht, ob es mir gelingt. Aber irgendjemand muss ihn doch stützen, wer, wenn nicht ich?

Diesmal sind alle Werte besser, welch eine Freude!

30. 5. 2000

Robert und ich sind zu einem Kurzurlaub in Schwerin, und es geht uns viel besser. Wir können hier eigentlich ganz normal Urlaub machen, wandern stundenlang und genießen die frische Luft. Daniel ist allein zu Hause, das ist schon etwas merkwürdig. Aber ich hoffe, dass alles gut läuft, er ist ja vernünftig.

Das Wetter ist im Moment stürmisch, deshalb bin ich im Hotel und werde gleich Zeugnisse schreiben. Robert – fährt Straßenbahn, was sonst? Ich bin müde, kein Wunder nach der anstrengenden vergangenen Zeit. In der vorigen Woche habe ich mehrere Nächte aus Angst kaum geschlafen. Aber nun bin ich wieder zuversichtlicher. Vielleicht kann Robert doch noch gesund werden!

8. 6. 2000

Robert hat seine zweite Transfusion bekommen, ganz nett bei Gerd in der Praxis. Allerdings hat er leider etwas Fieber. Ich habe mich seelisch wieder gefangen, die Tage in Schwerin waren wunderbar. Direkt im Anschluss war ich mit dem Schulorchester in Noer, das lief sehr gut, meine Kollegen haben mich nach Kräften unterstützt. Die Arbeit ist insgesamt schön und abwechslungsreich.

Robert ist sehr deprimiert, er hat Todesangst. Inzwischen leidet er häufig unter Atemnot, ist recht müde und schwach und sieht manchmal rundum krank aus. Dennoch ist er nicht hinfällig, wie man es in diesem Stadium der Leukämie erwarten könnte. Manchmal merkt man fast nichts, er muss doch besondere Kräfte haben.

10. 6. 2000

Pfingstsonntag – heute waren wir im Gottesdienst, und Robert ist trotz einiger körperlicher Mühen mitgegangen. Am Nachmittag kamen B. und J., und wir hatten so einen richtigen gemütlichen Sommersonnentag mit Kuchen, Tischtennis, Reden, Wein ... Daniel war mit dabei, und das war richtig schön. – Robert hat allerdings immer noch Fieber. – Daniel hat sich vorgestern beschwert, dass wir nicht wie andere Familien etwas gemeinsam unternehmen, so wie eine richtige Familie eben. Und nun hatten wir ein sehr harmonisches Wochenende mit Gesprächen, Musik machen, Kirche, Besuch. Es ist allerdings nicht leicht für Robert, er wird deutlich schwächer und abwesender. Hoffentlich geht es ihm nächste Woche wieder besser. Morgen ist erst mal Quartettprobe.

Leukozyten wieder runter auf 700!

12. 6. 2000

Roberts Fieber ist weiter gestiegen. Heute morgen war Gerd da und hat Robert abgehört, er hat wahrscheinlich wieder eine Lungenentzündung. Nun ist das eingetreten, was ich schon lange befürchte, und ich merke, dass ich relativ ruhig bin. Ich habe Robert Wadenwickel gemacht, ihm aus Hesses „Siddharta" vorgelesen und nebenbei eine Menge für die Schule organisiert. Morgen gehen wir zum Röntgen und sprechen noch einmal mit Gerd. Außerdem will ich Frau B. anrufen, damit ich für eine eventuelle Pflege gewappnet bin. Wie ich das alles neben der Schule schaffen soll, ist mir noch nicht klar. Andererseits sind es nur noch sechs Wochen bis zu den Sommerferien, und manches fällt für mich bis dahin aus. Ich habe nette Kollegen, die gelegentlich für mich einspringen, obwohl mir das immer etwas unangenehm ist. Manche realisieren wohl nicht, was wir alles durchmachen.

24. 6. 2000

Robert hat keine Lungenentzündung – Gott sei Dank! – und ist schnell wieder auf die Beine gekommen nach endlosem Durchfall. Nach der Transfusion waren die Leukozyten auf 1000! Nun sind sie wieder auf 800, Hb 9,5, Thrombozyten 218000, also normal. Der Hb-Wert sinkt reichlich schnell, deshalb braucht Robert nächste Woche wohl wieder eine Transfusion. Die Leukos sind immerhin seit ca. zwei Monaten stabil. Das ist wirklich erstaunlich.

Aber wir haben im Moment Anlass zur Freude: Wolfgang ist nämlich da und beschäftigt sich viel mit Robert, dadurch bin ich etwas entlastet. Er ist ein ganz besonderer Freund, sehr einfühlsam, geistreich, offen, warmherzig, einfach wunderbar.

In den nächsten Wochen muss ich: Frau B. anrufen und mit Pfarrer O. sprechen. Beides steht mir quälend bevor.

Ich weiß kaum, wo mir der Kopf steht und werde deshalb jetzt mal wieder – Zeugnisse schreiben!

Lisa hat wieder geheiratet!

29. 6. 2000

Gestern hatte ich mit Robert einen bösen Streit, weil Robert ein sozusagen therapeutisches Gespräch mit Daniel bei Herrn H. abgesagt hat, einfach so, ohne Begründung. Mit Daniel hat er überhaupt nicht darüber gesprochen! Ich fühle mich ausgenutzt, weil ich für Robert so viel tue und an seinem Schicksal wirklich in allen Facetten teilnehme. Aber Daniel und ich scheinen ihm nicht sonderlich wichtig zu sein, oder er hat schreckliche Angst davor, dass er sich vielleicht wirklich mal ändern müsste. Er hat ein unglaubliches Schubladen-Denken, besonders Daniel gegenüber, den er ständig schikaniert. Ich bin so verzweifelt, dass mir nur noch der Ausweg in die Flucht bleibt. Daniel wird jetzt ein paar Tage zu Bettina ziehen, ich überlege auch, eine Weile woanders zu wohnen.

Roberts Leukos sind gestiegen, auf 1100, er wirkt völlig krank. Vielleicht ist er deshalb so aggressiv? Aber ich bin verdammt noch mal nicht seine Therapeutin!! Robert hat seit elf Tagen eine nicht heilende Eiterwunde am Bein und nimmt schon wieder Penicillin. Ich bin in einer unglaublich schwierigen Situation. Es ist wirklich ein Problem, dass es so lange dauert. Seit acht Monaten leben wir mit dem Gedanken an den Tod, ich brauche unbedingt eine Aus-Zeit von diesem Stress. Aber was wünsche ich mir denn da? Einen baldigen Tod von Robert?

1. 7. 2000

Robert ist mutlos und aggressiv. Außer der Musik ist alles negativ besetzt. Ich liebe ihn so sehr, wenn er mit Hingabe Cello spielt!
Roberts Cellospiel ist wie ein Gebet.

3. 7. 2000

Vorgestern hatten wir ein wundervolles Konzert mit unserem Quartett (Telemann, Haydn, Beethoven, Zugabe aus der „Kunst der Fuge").
Alle Werte sind schlechter geworden.
Roberts Bein ist immer noch entzündet, die Krankheit gewinnt an Boden. Ich habe das seltsame Gefühl, dass in den Sommerferien irgendetwas Besonderes geschieht. Mit großem Drängen habe ich die Vertretung unserer

Ärzte organisiert, die beide in den ersten beiden Wochen der Ferien ihren Urlaub nehmen. Hoffentlich kommen wir nicht in eine schwierige Situation! Es gibt Dinge, die kann man nie wieder gutmachen.

23. 7. 2000

Nachdem ich mir schon überlegt hatte, wen ich benachrichtigen muss, wenn es Robert plötzlich schlechter geht, ist etwas Eigenartiges passiert: Die Leukozyten sind gestiegen auf 2200, allerdings heilt das Bein seit etwa sieben Wochen nicht. Robert fühlt sich gut, auch seine Stimmung ist dementsprechend wieder viel besser. Vorgestern haben die Ferien angefangen, und wir haben beschlossen, doch in die Schweiz zu fahren. Ich wage kaum, mich zu freuen und falle zur Zeit in ein ziemliches Loch. Eigentlich hatte ich befürchtet, dass Robert jetzt schon nicht mehr lebt. Und wären die Leukos weiter so gesunken, hätte das auch gut so sein können. Nun hat er mehr Probleme mit dem Hb-Wert, deshalb bekommt er Transfusionen. Zusätzlich sind aber neuerdings leider 2% Blasten im Blut. Unsere Ärzte wissen nicht so recht, was sie davon halten sollen.

Wenn ich doch nur in die Zukunft sehen könnte, ich bin so orientierungslos. Trotzdem habe ich das diffuse Gefühl eines Geführt-Werdens. Robert sieht im Moment fast gesund aus. Wie kann das sein? Wenn das Ganze einen Sinn hat, dann würde ich ihn gern eines Tages erkennen.

25. 7. 2000

Es ist, als würden wir langsam abstürzen, mir wird schwindlig, wenn ich mit Ärzten rede. Denn nach wie vor bringt Robert solche Gespräche nur passiv fertig, sein flehentlicher Wunsch ist, dass ich das für ihn mache. Und die Ärzte kennen uns beide allmählich und haben sich darauf eingestellt. Robert hat plötzlich ein völlig chaotisches Blutbild. Wir waren zum Beratungsgespräch im Krankenhaus. Der Arzt stellte die düstere Diagnose: „leukämischer Schub", die Krankheit „gerät aus dem Ruder". Robert hat eine dicke Backe, muss auch noch zum Zahnarzt. Trotzdem morgen Start in den Urlaub, zunächst nach Köln. Ich schätze, dass diese Fahrt Roberts letzte größere Aktion sein wird. In zwei Wochen wissen wir mehr, dann können wir immer noch entscheiden, ob wir in die Schweiz fahren. Jedenfalls habe ich zum ersten Mal eine Reiserücktrittsversicherung abgeschlossen.

Wir haben noch einmal eine Chemo erwogen, Robert hat wieder mit großer Entschiedenheit abgelehnt. Er konnte sich nicht mit den geradezu „sympathischen" Nebenwirkungen einer geringeren Dosierung, die uns der Krankenhausarzt anpries, anfreunden: leichte Übelkeit, Haarausfall, und wenn Sie Pech haben, auch noch ... Die Heilungschance ist einfach zu gering, außerdem, und das ist ja entscheidend, will Robert diese Prozedur auf keinen Fall über sich ergehen lassen. Das wird er schon richtig machen, wer weiß, wohin ihn sein Lebensweg noch führt.

Traum

Robert liegt mit weißem, aufgedunsenem Gesicht und rötlichen Flecken mit geschlossenen Augen auf unserem Wohnzimmerfußboden. Ich bin sehr besorgt und sage zu jemandem, der sich hinter mir befindet, der alles weiß, aber als leibliche Person nicht da ist: „Jetzt sieht er aber wirklich so schlecht aus, dass er wohl sterben wird. Oder ist er schon gestorben?"

Dann schläft Robert über Nacht und liegt am Morgen als eine zweite Person nur ein paar Meter weiter auf dem Fußboden. Dieser Robert richtet sich mit völlig klaren offenen Augen, frischem Gesicht und unversehrtem Körper auf. Und das allwissende Wesen hinter mir sagt: „Du kannst dich darauf verlassen, dass Robert wieder aufstehen wird. Er hat besondere Kräfte."

Ich empfinde diesen Traum als Auferstehungszusage und bin über die Tröstung sehr froh. Im Traum war die Zeit als Dimension aufgehoben, es geschah alles gleichzeitig: Krankheit, Tod, Verwesung, Leben und Auferstehung. So stelle ich mir die Existenz der Toten vor: in einer Gleichzeitigkeit zum Irdischen.

28. 7. 2000

Herzklopfend sitze ich im Haus meiner Eltern, die nicht zu Hause sind, und warte auf Robert, der heute Mittag aus Hamburg nachkommt, weil er noch zum Zahnarzt musste. Er wäre sowieso mit dem Zug gefahren, und ich habe vorsichtshalber das Auto genommen, vielleicht müssen wir ja plötzlich nach Hause fahren. Der Arzt im Krankenhaus hatte eine wahnsinnig negative Ausstrahlung, das Gespräch mit ihm ist uns richtig in die Knochen gefahren. Ich bin froh, wenn Robert endlich wieder bei mir ist. Hoffentlich geht alles gut und wir haben noch ein wenig Zeit miteinander! Robert sagt immer, er möchte Weihnachten noch so gerne erleben.

Leider regnet es ohne Unterbrechung, das ist „echt ätzend". Ich muss mich wohl auch von dem Schülervokabular etwas erholen.

Daniel ist mit W. in Urlaub. Ich vermisse ihn!

8. 8. 2000

Wir verbringen erfüllte Tage miteinander. Am Sonntag waren wir in St. Alban in der Kirche, und ich habe mit Pfarrer H. gesprochen. Er hat mich sogar wiedererkannt. Der Gottesdienst war für uns beide wunderbar.

Gesundheitlich bin ich wegen eines kleinen Bandscheibenvorfalls angeschlagen und verlangsamt. Dadurch bin ich zum Nicht-Handeln gezwungen, das tut mir eigentlich gut. Öfter war ich mit und ohne Robert in dem wunderbaren „Mittelmeerbad" zum Entspannen. Heute waren wir in Bonn in dem Geburtshaus des von Robert so geliebten Ludwig van Beethoven. Robert war sehr angerührt. Dann haben wir noch einen langen Spaziergang am Rhein gemacht. Es könnte alles so schön sein ohne unsere jetzt täglichen Besuche beim Zahnarzt, Allgemeinmediziner und für mich beim Orthopäden.

Roberts Werte sind so schlecht, dass akute Blutungsgefahr besteht. Dass wir leider nicht in die Schweiz fahren können, liegt auf der Hand. Die Leukozyten haben sich innerhalb von zehn Tagen vervierfacht!

Robert ist innerlich ganz in sich zurückgezogen, mir manchmal sogar etwas fremd. Mir graut vor dem, was jetzt kommen mag. Aber in drei Tagen ist Barbara wieder in Hamburg, das ist eine große Beruhigung. Ich wäre gern schon zu Hause.

10. 8. 2000

Abreise wegen hohen Fiebers.

Krise und geschenkte Zeit

Denn alles Fleisch, es ist wie Gras
Und alle Herrlichkeit des Menschen
Wie des Grases Blumen.
Das Gras ist verdorret
Und die Blume abgefallen.
Aber des Herrn Wort bleibt in Ewigkeit.
  1. Petrus 1,24 und 25

Wir fuhren in der Nacht, um der sommerlichen Hitze zu entgehen und um Robert die Reise so angenehm wie möglich zu machen. In eine dicke Decke gehüllt saß er neben mir und war schweigend wach, gelegentlich machten wir zur Erholung eine Kaffeepause. Zu Hause legte sich Robert ins Bett und wurde innerhalb von zwei Tagen völlig pflegebedürftig. Es war kaum zu glauben, dass wir kurz zuvor noch lange Spaziergänge und Ausflüge unternommen hatten. Ich konnte das Haus nur noch für kurze Zeit verlassen, da Robert nicht mehr allein aufstehen konnte und ich ihm auf jeden Fall die erniedrigende Prozedur von Windeln ersparen wollte. So besorgten uns Freunde, obwohl ich mich gegen jedes Krankheitsutensil so lange wie möglich wehrte, Waschlappen, Waschschüssel, einen Bettstuhl und weitere Notwendigkeiten. Robert verweigerte die Benutzung einer Trinkflasche für Kranke, so dass ich zur Fahrradtrinkflasche griff. Ich bestellte ein Pflegebett, da ich einsehen musste, dass unser Ehebett und auch die Couch im Wohnzimmer, auf der Robert so gerne lag, zur Pflege zu niedrig für meinen Rücken waren. Unser Wohnzimmer glich einer Krankenstation, als zusätzlich noch ein Sauerstoffgerät angeschafft werden musste, da Robert zunehmend unter Sauerstoffmangel litt.

Die beiden Ärzte Barbara und Gerd kümmerten sich hingebungsvoll um Robert und waren Tag und Nacht erreichbar. Die nötigen Bluttransfusionen wurden zu Hause in Roberts Bett durchgeführt, die Beutel an einem Notenständer befestigt! An oberster Stelle stand Roberts dringender Wunsch, ihn auf keinen Fall ins Krankenhaus zu bringen. Zu einem starken Durchfall, der mich fast zur Verzweiflung brachte, kam eine Lungenentzündung. Nun benötigte ich professionelle Hilfe und bekam sie von einer anthroposophischen Pflegeeinrichtung, dem „Therapeutikum West". Schwester F. kam einmal täglich, wusch Robert und pflegte ihn so, dass vom Liegen verursachte Druckstellen an der Haut vermieden wurden. Sie schien unbegrenzt Zeit zu haben und verrichtete ihre Arbeit sorgfältig, liebevoll und im erforderlichen Umfang. Das Maß gab der Patient vor und nicht die Uhr, wie es bei anderen Pflegeeinrichtungen zu beobachten ist und von der Pflegeversicherung abgerechnet wird. Ein Gutachter von der Pflegeversicherung wurde zu uns geschickt und stellte bei Robert die höchste Pflegestufe, Stufe III, fest. Robert war, ähnlich wie bei seiner ersten Lungenentzündung, verwirrt und kraftlos und konnte manchmal einfache Anweisungen nicht mehr verstehen. Ich befestigte deshalb ein Glöckchen an seinem Bett und hoffte, dass er, wenn er mich nachts brauchte, auf diffuse Weise das Glöckchen berühren und mich damit wecken würde.

So vergingen für mich schlaflose Tage und Nächte mit häufigem Wechseln der Bettwäsche, Waschen von Robert, Füttern und nicht zuletzt tröstenden Worten. Die Situation war so dramatisch, dass ich nicht einen Moment Ruhe fand. Mein Rücken schmerzte unerträglich, und meine Angst vor Roberts Sterben überschwemmte mich.

Nach einer Woche hatte ich in einer wiederum schlaflos verbrachten Nacht den Eindruck, ohnmächtig zu werden und rief panisch Barbara und den Notarzt an, die beide in kurzer Zeit bei mir waren. Es war vier Uhr morgens, ich konnte mich kaum noch auf den Beinen halten. Barbara fragte mich, wann ich zuletzt etwas gegessen oder getrunken hätte, und ich konnte die Frage nicht beantworten. Ich hatte mich einfach vergessen.

Barbara ging in die Küche und kochte mir einen Liter Kräutertee, den ich austrinken sollte. Immer noch hatte ich ständig das Gefühl einer nahenden Ohnmacht. Der Notarzt wollte mich ins Krankenhaus bringen, aber ich erklärte ihm, dass ich unersetzbar war in der Verantwortung für Roberts Pflege. So gab er mir eine beruhigende Spritze, und allmählich wich meine Panik. Er hinterließ mir ein weiteres Beruhigungsmittel, das ich am nächsten Tag nehmen sollte, und Barbara und er verließen mich, als ich stabiler geworden war. Dennoch konnte ich auch am nächsten Tag nicht schlafen, und am Abend wiederholte sich in Anwesenheit von Gerd die Panikattacke. Es war klar, dass eine Grenze erreicht war. Ich weiß nun, was Angehörige von Schwerstkranken in deren Pflege leisten und habe davor größte Hochachtung.

Der Schlaf wird auch als „der kleine Bruder des Todes" bezeichnet. Ich konnte die Schwelle des Schlafes nicht überschreiten, weil ich im Moment des Loslassens mein Leben nicht mehr bewusst in der Hand hielt und den Tod befürchtete. Meine Identifikation mit Robert ging so weit, dass ich mich selbst auf dem Totenbett sah. Ich nährte grauenvolle Phantasien, weil ich noch nie einen Menschen in seiner letzten Lebenszeit begleitet hatte. Mit Hilfe von Gesprächen mit Gerd und Freunden, die bei Robert Teile der Nachtwachen übernahmen, entspannte ich mich allmählich und konnte stundenweise wieder schlafen. Daniel half so viel er nur konnte und betreute Robert fürsorglich.

Da die Ärzte Roberts Zustand als akut lebensbedrohlich bezeichneten, informierte ich Roberts Freund Wolfgang, seine Tochter Marie-Louise, die ich zu diesem Zeitpunkt noch nicht kannte und seine erste Frau Lisa. Sie kamen aus Dänemark, um sich von Robert zu verabschieden. Robert war zeitweise ganz klar und sprach liebevoll und bemerkenswert gefasst mit ihnen. Vater und Tochter hatten sich seit mehreren Jahren nicht gesehen und versöhnten sich am Krankenbett.

Wolfgang schreibt in seinen Erinnerungen „Lieber Freund – großer Musiker":

„Unsere Freundschaft bestand ganze 55 Jahre. Kennen gelernt haben wir uns im Spätherbst 1945 in Flensburg anlässlich der Wiedereröffnung des Flensburger Stadttheaters mit Beethovens ‚Fidelio'. Es mutet schicksalhaft an, wenn ich berichte, dass die letzte Musik, die wir noch einmal gemeinsam hörten, ein Akt aus dem ‚Fidelio' war ... Nach wochenlangem hohen Fieber lag Robert völlig entkräftet da, nahm kaum Nahrung zu sich, und mir schien, er hatte bereits bewusst mit seinem Leben abgeschlossen. Er bat mich, eine CD aus Wagners ‚Siegfried' (die Waldszene) mit seinem großen Dirigentenidol Herbert von Karajan aufzulegen. Er wusste sehr wohl, auch für mich war Karajan ein Auserwählter ... In Erwartung des Arztes bat mich Robert, noch eine CD aufzulegen, und bei dieser Gelegenheit sollte ich seinen Wunsch erfüllen, noch einmal ein Stück aus dem ‚Fidelio' zu hören, wobei er mir sagte: ‚Lieber Wolfgang, das ist doch unsere Oper, entsinnst du dich der ersten Aufführung nach dem

Krieg?' Wir hörten dann den ganzen ersten Akt, aber manchmal verließen ihn doch die Kräfte."

Auch mich bat Robert oft, eine bestimmte CD aufzulegen. Dabei wusste er genau den Standort, die Farbe der CD und die Interpreten. Die Wahl der Musik korrespondierte mit Roberts Befinden. Morgens hörte er kraftvolle Beethoven-Sinfonien, später häufig Dvořák oder Brahms. Am Abend folgte Debussy, „der ist zwischen den Welten", sagte Robert. Wenn er auch zu schlafen schien oder auf andere Weise geistig abwesend war, so verfolgte er die Musik doch innerlich wach. Denn bei entscheidenden Wendungen murmelte er: „ ... und jetzt die Hörner" oder er machte eine Handbewegung und sagte „ ... ja, Es-Dur".

Einmal wollte er eine Brahms-Sinfonie in der Interpretation von Herbert von Karajan hören, die ich jedoch trotz längeren Suchens nicht finden konnte. Schließlich legte ich das gewünschte Werk auf, allerdings unter dem Dirigat von Bernstein. Obwohl Robert todkrank war, bemerkte er die Täuschung sofort und forderte mich auf, ihn doch bitte die CD mit Karajan hören zu lassen!

Da Robert das Violinkonzert in a-Moll von Bach besonders liebte, stellte ich mich, wenn ich Ruhe fand, neben sein Bett und spielte daraus den zweiten Satz, in welchem sich die Geige in weit schwingenden Melodiebögen über einem ostinaten Bass erhebt.

Gerd saß bei seinen Besuchen oft mehrere Stunden an Roberts Bett, um eine Bluttransfusion zu überwachen. In dieser Zeit erzählte Robert enthusiastisch aus seinem Musikerleben. Er sprach über verschiedene Dirigenten, ihre musikalischen Vorlieben und Eigenarten, über große Solisten und ihre Interpretation berühmter Werke. Gerd hörte ihm fasziniert zu und wunderte sich über Roberts

Kraft, die allerdings manchmal plötzlich nachließ. Dann wurde umso deutlicher, wie tief Roberts Augen in ihren Höhlen lagen und wie eingefallen sein Gesicht war. Als Gerd ihn einmal fragte: „Was denkst du gerade?", antwortete Robert: „Gar nichts. Ich habe gerade eine Klappe aufgemacht, da kam ganz viel Musik heraus. Wir sollten die Musik viel ernster nehmen."

Es kamen Roberts Celloschüler, Freunde und Orchesterkollegen, um sich erschüttert von ihm zu verabschieden. Auch mein Vater und mein Bruder reisten an. Wenn Besuch im Haus war, wagte ich, Robert eine Weile allein zu lassen und nötige Erledigungen zu machen. So machte ich einen der schwersten Wege meines Lebens und ging zum Friedhof, um eine Grabstelle auszusuchen. Ich wählte einen Platz unter dem Schutz einer großen Birke. Meine Abwesenheit kommentierte Robert mit sorgenvollen Worten: „Ich habe dich lange nicht gesehen, meine Geliebte. Aber geh nur ruhig weg. Du wirst sonst noch krank. – Es ist doch schade, dass wir unser Leben nicht gemeinsam zu Ende bringen können."

Als Daniel, Robert und ich wieder alleine waren, brachen ruhige und besinnliche Tage an. Da Robert an der Schwelle zum Tod zu sein schien, blieben Daniel und ich ständig bei ihm und hörten gemeinsam, besonders spät in der Nacht, Musik und unterhielten uns. Robert sagte zu mir: „Du darfst nicht so traurig sein." Wir trösteten uns mit dem Requiem von Brahms: „Die mit Tränen säen, werden mit Freuden ernten. Sie gehen hin und weinen und tragen edlen Samen und kommen mit Freuden und bringen ihre Garben." Bei Kerzenlicht hörten wir das Werk, das Brahms nach dem Tod seiner Mutter für trauernde, leidtragende Menschen geschrieben hat. Mehr als je zuvor waren Daniel, Robert und ich in der nächtlichen Gemeinschaft eine Familie.

Roberts Wunsch entsprechend rief ich Pastor O. an und bat ihn, mit uns das Abendmahl zu feiern. Ich backte ein flaches Brot, das ich in Stücke teilte und stellte Traubensaft bereit. Dann entzündete ich eine Kerze neben der kleinen bronzenen Engelstatue, die Robert von einer Freundin als Kraftquelle geschenkt bekommen hatte. Pastor O. segnete Robert und feierte mit unserer kleinen Familie einen Abendmahlsgottesdienst zu Roberts Stärkung und Tröstung.
Am Abend des 24. August 2000 sagte Robert zu mir: „Wir müssen heute über wichtige Probleme sprechen, über die Instrumente und die anderen Dinge. Ich will, dass keiner hier etwas herausholt und dass auch nichts verliehen wird. Vielleicht habe ich ja noch Zeit. Aber es kann auch mal zu spät sein."
Er diktierte mir mit fester Stimme einen klar gegliederten Text, den er anschließend durchlas und am nächsten Morgen unterschrieb:

„Der letzte Abschnitt meines Lebens

Da ich nun seit einiger Zeit sehr schwer krank geworden bin, müssen wir nun über meinen Besitz reden, der auf Ursula übergeht:
Das braune Cello von dem thüringischen Geigenbaumeister Voigt, 1951, soll Daniel spielen, er soll es immer schön hineintun und ordentlich putzen. Es ist wirklich für einen jungen Musiker eine Aufgabe, so ein schönes Cello zu besitzen.
Das rote französische Cello soll ganz vorsichtig behandelt werden, immer im Kasten stehen. Sollte sich ein sehr begabter Cellist finden, der Interesse hat, auf dem Cello zu spielen, ist er zur Benutzung herzlich willkommen. Das Cello soll niemals außer Haus gehen und im-

mer in meinen Ehren stehen. Auch ein Konzert kann gern darauf gespielt werden, aber vorsichtig behandeln!

Kammermusiknoten unterstehen Ursulas Verantwortung. Cellonoten kann Daniel jederzeit benutzen, nicht radieren! Nach meinen Fingersätzen richten oder fotokopieren. Die Noten bleiben hier im Haus.

Ich bitte darum, dass alle Bücher über Bach, Beethoven, Bruckner etc. in meinem Raum bleiben. Dort kann man darin lesen.

Orchesternoten sollen nicht verliehen werden. Ich habe sogar an einen berühmten Cellisten das Boccherini-Konzert verliehen und nicht wiederbekommen.

Niemand betritt ohne Ursulas Aufsicht meinen Raum, um dort länger zu verweilen.

Die Eisenbahn soll im Hause bleiben.

Auch die Bären bleiben hier. Die liebsten Stofftierchen sollen auf meinem Platz in der Küche stehen, soweit du das erträgst. Auch Bamse nehme ich nicht mit.

Alle CDs und Schallplatten sollen im Haus bleiben."

Am folgenden Tag sprachen wir über Roberts Beerdigung. Robert fragte mich, wo sein Grab sei und äußerte seinen Musikwunsch für den Trauergottesdienst: Präludium und Fuge c-Moll BWV 546 von J. S. Bach, gespielt von dem Organisten von St. Michaelis Gerhard Dickel, der dasselbe Werk zu unserer Hochzeit gespielt hatte. Schon seit Tagen hatte Robert nichts mehr gegessen und wollte nun auch immer weniger trinken, Bamse lag unbeachtet neben ihm im Bett. Mich schickte er weg und wollte auch seine Ärzte nicht mehr sehen. Alle Anzeichen deuteten auf Roberts nahen Tod hin. Also beschlossen wir, seinem Wunsch entsprechend, die Medikamente abzusetzen, um eventuell den immer noch revoltierenden Darm zu entlasten und der Natur ihren

Lauf zu lassen. Unerwarteterweise sank daraufhin das Fieber, Robert verlangte nach Essen und stand wackelig auf. In einem Spiegel sah er sein Gesicht und sagte: „So was sollte eigentlich nicht leben."

Und dann geschah das Wunder:

Am 28. August kam Schwester F., um Robert zu pflegen. Als ich ihr erzählte, dass er etwas gegessen habe und kurz aufgestanden sei, meinte sie: „Sterbende tun so etwas manchmal." Robert bestand darauf, zum Waschen selbst zum Waschbecken zu gehen und stand dort mit schlotternden Knien. Plötzlich konnte er sich nicht mehr aufrecht halten und setzte sich auf einen Stuhl. Wir hüllten ihn in eine Wolldecke, und Robert bekam starken Schüttelfrost. Mit Mühe brachten wir ihn zum Bett, und ich flößte ihm heiße Brühe ein. Innerhalb von einer halben Stunde stieg das Fieber auf einundvierzig Grad; Arme, Beine und das Gesicht nahmen eine graue Färbung an und sein Bauch war rot geädert. Schwester F. nickte mir zu: der Moment des Abschiednehmens schien gekommen zu sein. Ich wagte nicht, meinen Platz neben Robert zu verlassen, aber die Situation veränderte sich nicht. Schwester F. ging zu ihrem nächsten Patienten mit dem Versprechen, bald wiederzukommen. Das Fieber blieb den ganzen Tag über gleich hoch, und Robert war in einem komaähnlichen, nicht ansprechbaren Zustand. Am Abend dann das Unfassbare: Das Fieber sank, und Robert „erwachte". Er hatte das Zeitgefühl verloren und wollte frühstücken. Als Schwester F. kam, um nach ihm zu sehen, fragte er schwach lächelnd: „Na, sind Sie immer noch hier?" In mir entbrannte ein Widerstreit der Gefühle. Es wäre so gut für Robert gewesen, im Fieber zu sterben, er war doch schon fast auf der „anderen Seite" gewesen. Was stand ihm noch bevor? Andererseits ungläubige Freude über sein Wohlergehen.

In der Nacht weckte mich Robert mehrmals in Todesangst. Er erzählte mir einen Traum des vergangenen Tages: „Ich war in der Oper, alle hatten Fräcke an. Plötzlich verfärbte sich alles gelblich, ging in Dunst auf, Raum und Zeit verschwanden. Und ich merkte, dass ich das alles nicht mehr kann und stand alleine da."

Am nächsten Tag sagte er, dass er in seinen Fieberstunden eine Art Rückschau auf sein Leben erlebt habe. Dann habe sich die Wand an der Fensterseite neben seinem Bett geöffnet, das Fenster sei verschwunden und an seiner Stelle habe ein helles Licht auf ihn geschienen. Robert sagte dazu: „Ich wusste nicht, was das bedeutet, aber ich hatte das Gefühl, die ‚andere Seite' sehen zu können, so etwas habe ich noch nie erlebt. Wahrscheinlich ist es so ähnlich, wenn man ganz am Ende stirbt."

Aber offensichtlich sollte er noch nicht sterben. Sein Fieber verschwand genau so plötzlich wie es gekommen war, und Robert aß immer mehr und fühlte sich wohler. Eine Blutuntersuchung ergab Werte, die nicht glaubhaft waren. Deshalb wurde die Untersuchung wiederholt und bestätigte das Unwahrscheinliche: Alle Blasten waren aus Roberts Blut verschwunden, und die Zahl der Leukozyten hatte sich von 78000 auf 1800 verringert. Dies war eine sensationelle Entwicklung, zumal jede weitere Untersuchung eine Tendenz zur Normalisierung aller Blutwerte zeigte. Dennoch waren wir beide weit davon entfernt, uns zu freuen. Nach wochenlanger Gewissheit, dass Roberts Krankheit zu seinem Tode führen würde, nach den seelischen und körperlichen Qualen, die wir erlitten hatten, standen wir ratlos vor der neuen Situation. Wir befürchteten, dass auf eine kurze Zeit der Erholung ein weiterer Krankheitsschub folgen würde.

Robert war anfangs so schwach, dass er zu keiner Tätigkeit außerhalb seines Bettes fähig war. Er hatte über zehn Kilo Gewicht verloren. Sein erstes Ziel war, die Strecke bis in sein Zimmer zu schaffen, um dort auf seinem geliebten Cello zu spielen. Es dauerte ein paar Tage, dann konnte er mit meiner Hilfe und einigen Verschnaufpausen über die Terrasse durch den Garten auf dem kürzesten Weg zu seinem Zimmer gehen und sich dort auf einen Stuhl setzen. Überglücklich sagte er: „Mein Zimmer! Nie hätte ich daran gedacht, es wiederzusehen." Es verging allerdings noch einige Zeit, bis er wieder die Kraft hatte, Cello zu spielen.

Versöhnung

Denn wir haben hie keine bleibende Statt,
sondern die zukünftige suchen wir.
Hebräer 13,14

Die gesundheitliche Krise im Sommer 2000, während der Robert tagelang auf der Schwelle zwischen Leben und Tod schwebte, hat ihn völlig verändert. Es war für jeden, der Robert kannte, deutlich zu spüren, dass er eine Begegnung gehabt haben musste, die ihn befähigte zu mehr Liebe, größerer Gelassenheit und zu mehr Lebensgenuss. Seine Wesensverwandlung war wie ein Licht, das hell aufstrahlte. Robert wirkte wie befreit von dem Bann, den er seit Kindheitstagen in sich trug und fühlte sich froh und entspannt, sobald er sich wieder erholt hatte. Seine Rücksicht und Zuwendung nahe stehenden Menschen gegenüber war überdeutlich, dies spürten auch seine Celloschüler, die er, so bald, wie es ihm gesundheitlich möglich war, wieder unterrichtete. Besonders auffällig war seine Verwandlung bezüglich seiner Einstellung zu Daniel. Ein Indiz dafür war ein überraschender Computerkauf, obwohl Robert lange eine entsprechende Anschaffung für Daniel rigoros abgelehnt hatte mit dem Argument: „So etwas Teures wäre für mich früher auch nicht gekauft worden." Robert konnte sich plötzlich besser in die altersgemäßen Bedürfnisse eines sechzehnjährigen Jungen hineinversetzen.

In den Tagen vor den Herbstferien erhielten wir von unserem Arzt ein Gutachten über Roberts Gesundheitszustand, um eine Erholungskur zu beantragen. Noch einmal lasen wir, wie ernst die Situation aus ärztlicher Sicht gewesen war und wie unwahrscheinlich deshalb

Roberts momentaner Zustand war. Roberts Körper war in einer Remission, seine verwundete Seele verwandelt und geheilt. Je mehr Robert wieder zu Kräften kam, desto offensichtlicher wurde meine Erschöpfung. Ich war schon lange wieder in der Schule tätig und pflegte zu Hause Robert, führte auch mit Daniel wichtige Gespräche über unsere Situation. Angegriffen durch Schlaflosigkeit und Todesängste, in freudigem Schrecken über Roberts „Auferstehung" vom Totenbett, brauchte ich dringend Erholung. So planten wir einen Herbsturlaub, und Robert äußerte den Wunsch, noch einmal in seine Geburtsstadt Flensburg zu fahren, anschließend wollten wir ein paar Tage in Glücksburg an der Ostsee verbringen.

Robert zeigte mir sein Elternhaus, überraschenderweise kamen ihm einige schöne Kindheitserinnerungen wie fröhliche Kaffeenachmittage seiner Mutter mit einer Freundin. Eines Nachts weckte mich Robert, sichtlich erschüttert: „Ich habe einen schönen Traum von meinem Vater gehabt. Er kam auf der Straße mit ausgebreiteten Armen auf mich zu und sagte: ‚Du bist ein ganz lieber Mensch, Robert! Ich habe dich lieb'. Zehn Jahre nach dem Tod des Vaters hatte er endlich mit ihm Frieden geschlossen.

Wir setzten uns häufig für längere Zeit in eine Kirche, stellten Kerzen auf und versanken in inbrünstige Gebete: „Lass uns noch ein wenig zusammen bleiben!" Ich versuchte eine Art Handel: „Wenn Robert überlebt, will ich später ..."

Er wirkte gelöst, ruhig und dabei kraftvoll. Seine Fürsorglichkeit für mich war außergewöhnlich stark. Ich genoss, von Robert umsorgt zu werden. Er stellte sich in den Hintergrund, um mich zu verwöhnen und war besorgt um mein Wohl. Erst zurückblickend wurde ihm klar, dass seine Angst, in der Krankheit von Daniel und mir verlassen zu werden, unbegründet gewesen war. Er konnte auf unseren Beistand bauen, sein Kindheitstrauma würde sich nicht wiederholen. Vertrauen zog in seine Seele ein.

In Glücksburg feierten wir meinen Geburtstag mit einem wundervollen Candle-Light-Dinner. Wir waren so verliebt wie in unserer ersten Zeit, dabei tief verbunden durch die überstandene Krise.

Robert fiel es schwer, große Gefühle in Worte zu fassen, aber zu meinem Geburtstag schrieb er mir eine Karte, die seine Zuversicht widerspiegelt:

„Meine geliebte Ursula! Zu Deinem neuen Lebensjahr wünsche ich Dir vor allen Dingen Gesundheit und viel Erfolg in der Anwendung Deines wertvollen pädagogischen Wissens. Ich möchte mich noch einmal für die liebevolle Betreuung während meiner Krankheit Tag und Nacht bedanken. Du hast viel zu meiner Gesundung beigetragen und ich hoffe sehr, noch länger mit Dir zusammen leben zu dürfen. In der Hoffnung auf weitere schöne Erlebnisse bleibe ich Dein Dich immer liebender Robert."

In stundenlangen Strandwanderungen mit Sonne und Wind tankten wir neue Kräfte. Robert sah blendend aus: sonnengebräunt, mit wachen Augen und einer Ausstrahlung, die Barbara später „Heiligenschein" nannte.

Durch das Wandern löste sich allmählich meine Verkrampfung. Das rhythmische Gehen ließ meine Rückenschmerzen schwinden, der Blick über die Fläche des Meeres weitete meinen Horizont. Ich realisierte erst jetzt, dass meine Zukunftsperspektive über lange Zeit der nächste Tag, manchmal sogar nur die nächste Stunde gewesen war. Es war meine Art, mit Roberts Krankheit und der Bedrohung unseres gemeinsamen Lebens umzugehen, bei aller nötigen Vorsorge nicht zu viele mögliche Ereignisse voraus zu denken. Der prüfende Blick von „Schwester Ursula" in Roberts Augen (waren sie trüb, klein?), auf die Lymphdrüsen am Hals (waren sie geschwollen?), auf den Unterkiefer (war er entzündet?), ins Gesicht (war es blass?) machte einer freudigen Dankbarkeit über Roberts gesundheitliche Stabilität Platz. Die Hoffnung auf weitere gemeinsame Zeit wurde im Wiegen unserer gemeinsamen Schritte wiedergeboren. Meine Rolle als Krankenschwester gab ich nur zu gerne ab im Tausch gegen ein Leben als Roberts geliebte Frau.

Wir planten ein weiteres Konzert mit unserem Streichquartett im Februar 2001 und vorher eine gemeinsame Kur zur weiteren Kräftigung, außerdem einen Urlaub zu dritt mit Daniel, denn Robert wollte Daniel mehr als bisher in unsere Familie einbeziehen. Wir empfanden das Erleben der Natur als harmonisierend und gesundend, wirkliche Dankbarkeit über Roberts Weiterleben stellte sich erst jetzt ein.

Vollendung

Siehe, ich sage euch ein Geheimnis:
Wir werden nicht alle entschlafen,
wir werden aber alle verwandelt werden.
1. Korinther 15,51

In der Zeit vor Weihnachten 2000 wurden Roberts Blutwerte wieder schlechter, und Robert brauchte wieder Transfusionen. Trotz einiger mich ängstigender Entzündungen im Gesicht fühlte er sich insgesamt gut, machte große Spaziergänge und behielt sein inneres Leuchten. Da ich viel Arbeit hatte, war er oft allein und schrieb viele Adventsbriefe, auch an entferntere Freunde, und verschickte noch mehr als sonst „klingende Grüße", eigene Kassettenüberspielungen von Musikwerken, die der Adressat gerne hörte. Dabei geschah es fast nie, dass jemand zwei gleiche Kassetten bekommen hätte, aber viele Freunde von uns haben heute einen umfangreichen Schatz an solchen von Robert erstellten Tonbändern. So schrieb Robert am 6. 12. an eine Chorsängerin aus dem ehemaligen St. Michaelischor:

„Heute möchte ich Dir einen klingenden Gruß mit Symphonien von W. A. Mozart schicken. Das ist immer wieder großartige Musik, dann mit Meister Karl Böhm am Pult! Mit der Gesundheit geht es gut und ich fühle mich körperlich wohl. Im Augenblick habe ich musikalisch viel zu tun und freue mich auf das Weihnachtsoratorium in der Musikhalle unter M. Schönheit. In der Hoffnung, dass es Dir und Deinem Mann gut geht, verbleibe ich mit herzlichen Grüßen, Dein Robert."

Am 9. Dezember 2000, also am Vorabend von Roberts siebenundsechzigstem Geburtstag, veranstalteten wir eine Geburtstags- und Dankesfeier für die Menschen, die uns so lange liebevoll beigestanden hatten: Freunde, Ärzte, Pastor O., Schwester F., unsere Familie und einige Nachbarn. Es war ein gesegnetes Fest mit einer warmen und herzlichen Atmosphäre, sehr innig und immer noch mit dem staunenden Wissen: Eigentlich hatten wir gedacht, uns zu Roberts Beerdigung und nicht zu seinem Geburtstag auf diese Weise zu versammeln. Strahlend nahm er die Glückwünsche und Geschenke aller Gäste entgegen und aß wieder seinen geliebten Vanillepudding. Es erklang viel Musik: verschiedene Werke für Celloquartett, bei denen Robert mit seinen Schülern Konrad, Michael und Daniel spielte; Robert, Daniel und ich haben eine Bearbeitung einer Gambensonate von J. S. Bach gespielt; Daniel und Robert haben einige lustige Duos gefetzt; es gab einzelne Ständchen, und um Mitternacht spielte Robert „für mich selbst", wie er lachend sagte, einige Sätze aus Suiten von J. S. Bach. Außerdem hatte Robert Choräle aus dem Weihnachtsoratorium für Celloquartett bearbeitet, und wir anderen sangen dazu vierstimmig. Besonders hat uns der Choral Nummer 35 ergriffen: „Seid froh dieweil, dass euer Heil ist hie ein Gott und auch ein Mensch geboren."

Wir waren in tiefer Dankbarkeit bewegt an diesem Tag, der in seiner liebevollen Verbundenheit der Menschen untereinander und mit dem strahlenden Robert als Mittelpunkt, dazu der Musik, einen Vorgeschmack auf die himmlische Ewigkeit zu geben schien. In dieser Harmonie verließ mich die Angst vor dem Tod, er verlor seinen Schrecken. Dass er uns nur vier Wochen später heimsuchen würde, ahnten wir nicht.

Roberts Umgang mit der Krankheit und mit dem bevorstehenden Sterben war, abgesehen von Zornesausbrüchen, von Anfang an eher wortlos. Oft haben einige

Ärzte und auch ich ihm vorgehalten, er würde sich zu wenig mit seinem Schicksal auseinandersetzen; er hat jedoch still und tätig in den letzten vier Monaten seit seiner „Genesung" im Sommer seine letzten Dinge geregelt und sowohl problematische als auch freundschaftliche Beziehungen noch einmal intensiv gepflegt und damit ganz allmählich Abschied genommen.

Am 10. Dezember, also Roberts Geburtstag, feierten wir mit meinen Eltern, meinem Bruder und seiner Frau weiter. Robert war zwar etwas müde, ließ sich aber die köstliche Geburtstagstorte, die meine Mutter gebacken hatte, begeistert munden. Am Nachmittag spielte er unter der Leitung von Franz Molin in der Musikhalle die Neunte Sinfonie von Ludwig van Beethoven, eines von Roberts Lieblingswerken. Ich hatte für die ganze Familie Karten besorgt, und so sahen und hörten wir noch einmal Roberts beseeltes und klangvolles Cellospiel im Orchester. Für jeden gesunden Menschen wäre das Wochenendprogramm schon ermüdend gewesen; dennoch war Robert, dessen restliche Lebenstage gezählt waren, immer noch nicht erschöpft und stimmte gerne zu, auf den historischen Weihnachtsmarkt am Rathaus zu gehen.

Es war rappelvoll, wir mussten Acht geben, uns im Gedränge nicht zu verlieren. Nach einer Stärkung mit Fischbrötchen und Glühwein spendierte ich Robert und meinem Bruder Andreas eine Fahrt mit dem Kinderkarussell, auf dem auch ein Straßenbahnwagen mitfuhr. Die beiden quetschten sich lachend auf die kleinen Sitze und winkten fröhlich. Wir anderen standen schützend im Kreis um Roberts Cello herum und hatten unsere Freude beim Zusehen.

Alle Spannungen und vergangene Streitigkeiten meiner Familie mit Robert waren unwichtig geworden, als hätte es sie nie gegeben.

In den nächsten Tagen hatten wir unsere letzte Quartettprobe mit Dorothee und Mayumi; Robert plante Konzerttermine für das Jahr 2001! Er war unser Organisator, weil sein Name in Hamburg und darüber hinaus bekannt war. Deshalb wurde er einmal in einer Zeitungsankündigung „Leiter des Quartetts" genannt, in den Proben gab er uns dann zum Einstimmen lachend das „Leiter-A".

Pflichtbewusst unterrichtete er auch jetzt noch alle seine Schüler. In seinem Terminkalender ist zu rekonstruieren, dass Robert im Jahr 2000, in dem er unausgesetzt mit seiner Krankheit leben musste, achtzehn Konzerte mit großen solistischen Aufgaben gespielt hat.

Einer langjährigen Tradition entsprechend war Robert auch in dieser Weihnachtszeit wieder von dem ehemaligen Michaelischor engagiert worden, bei den Aufführungen des Weihnachtsoratoriums als Solocellist mitzuwirken. Allerdings war Robert inzwischen durch seine Blutarmut blass und auch schwächer geworden. Die Zahl der Blasten stieg schnell, und es war klar, dass ein neuer Krankheitsschub Roberts Leben bedrohte. Aber das war für Robert kein Grund, diesen musikalischen Termin abzusagen.

Ein Brief an seine Cousine Gabriele vom 21. 12. 2000 zeigt, dass Robert hoffnungsvoll in die Zukunft schaute:

„Liebe Gabi! Vor Weihnachten sollt Ihr schnell einen Gruß bekommen. Ich wünsche Dir und Deiner Familie alles Gute für das Weihnachtsfest. Wir fahren vom 22. bis 28. 12. zu Ursulas Eltern nach Bergisch Gladbach. Ich fahre wegen einer Aufführung des Weihnachtsoratoriums von Bach erst am 24. Vom 7. bis 28.

Januar machen Ursula und ich eine Kur in Steinen-Endingen im Südschwarzwald, 19 km südlich von Basel gelegen. – Ansonsten geht es mir, außer einer kleinen Erkältung, gesundheitlich gut. Nun sende ich Euch mit Ursula viele liebe Grüße, Euer Robert."

Da Robert sowieso mit dem Zug nachkommen wollte, fuhr ich am 22. 12. mit Daniel zu meinen Eltern. Es war mir wichtig, mich eine kleine Weile Daniel allein widmen zu können, denn in der Krankheitszeit von Robert hatte er es sehr schwer: Robert stand meistens im Mittelpunkt aller Sorge, der Alltag war durch die Unberechenbarkeit der Krankheit nie wirklich planbar. Daniel brauchte viel verständnisvolle Zuwendung von mir, und das war eigentlich nur möglich, wenn wir zu zweit waren. Am 26. 12. wollte er zu seinem Vater fahren. Alles stand natürlich unter dem Vorbehalt von Roberts aktuellem gesundheitlichen Zustand.

Am 22. 12. hatte Robert eine siebenstündige Probe, einen Tag später eine zweieinhalbstündige Einspielprobe und dann zwei Aufführungen der Teile eins bis drei des Weihnachtsoratoriums. Ein unglaublicher Kraftakt!

Am späten Abend rief er mich in Köln an und sagte, dass er völlig erschöpft sei und so etwas in Zukunft wohl nicht mehr schaffen könne. Ich war darüber sehr erschrocken, aber er versicherte mir, er werde am nächsten Tag plangemäß nach Köln kommen. Wir trafen uns am Nachmittag des Heiligen Abends vor der Philharmonie mit meinen Eltern zu einer Veranstaltung „Wir warten auf das Christkind" mit Blechbläsermusik und Texten aus der Weihnachtsgeschichte. Robert genoss die Musik in der guten Akustik des Konzertsaals, schlief allerdings zwischendurch immer wieder kurz ein. Als wir bei meinen Eltern zu Hause waren, ging er sofort ins Bett, sagte aber, ich solle ihn nach zwei Stunden wecken.

Als ich an sein Bett trat, schien er aus weiter Ferne zurück zu kommen, ich sagte zu ihm: „Schlaf ruhig weiter, du brauchst nicht wegen uns aufzustehen." Aber er wollte mich nicht allein lassen, wollte wohl auch selbst dabei sein und stand auf zur Feier des Heiligen Abends, den wir ruhig begingen. Robert hatte für mich kein Geschenk, worüber er sich schämte. Mir wäre es völlig gleichgültig gewesen, hätte dieser Umstand nicht die Kraftlosigkeit und tödliche Erschöpfung von Robert gezeigt.

Nach dem Essen holte Robert sein Cello und spielte für uns vor dem Weihnachtsbaum Teile aus Suiten von Bach und M. Reger. Es sollte das letzte Mal sein, Robert nahm sein Cello dann nicht wieder in die Hand. In der Wärme der weihnachtlichen Liebesbotschaft nahm Robert innigen Abschied von seinem Instrument.

Drei Tage später fuhren wir nach Hause, am selben Tag bekam Robert Fieber. Wie bei allen vorangegangenen Krankheitsschüben hat er wieder bis ans Ende unserer Reise „gewartet", so als ob er mir und uns das schöne Erlebnis nicht verderben wollte.

Trotz des Fiebers war er nicht bettlägerig und nahm noch Essen zu sich, besonders gern und häufig natürlich seine Lieblingsspeise: Vanillepudding. Daniel rief jeden Tag besorgt an; wir trafen die Übereinkunft, dass er so lange wie möglich bei seinem Vater bleiben sollte. Daniel sollte nicht mehr leiden als nötig, und seine Hilfe brauchte ich zu diesem Zeitpunkt noch nicht.

Ganz anders als bei dem Krankheitsschub vor fünf Monaten hatte ich keine Angst vor dem, was uns nun erwarten würde. Auch ich hatte mich verändert. Ich schlief nachts in meinem Zimmer im ersten Stock, und Robert meinte: „Wenn es mir schlecht geht und ich dich brauche, komme ich zu dir." Ich horchte nur gelegentlich herunter auf seine Atemzüge, sonst schlief ich relativ gut und vertrauensvoll.

Wir hatten eine Sylvestereinladung bei unserer Freundin B., und Robert wollte trotz des Fiebers an der Feier teilnehmen. Also packte ich ihn mit einer dicken Decke ins Auto; wenn er sich die Gemeinschaft mit Freunden wünschte, sollte er sie haben können. Im Sommer hatte Robert gesagt: „Ich möchte so gerne noch Weihnachten erleben!" Die Wärme der Weihnachtszeit hatte ihn noch einmal aufgebaut, nun nahte bereits das Neue Jahr. Wir hatten eine schöne Sylvesterfeier mit gutem Essen, an dem Robert teilnahm. Robert und ich standen beim Jahreswechsel eng umschlungen und stärkten uns gegenseitig wortlos.

Ab dem 1. Januar lag Robert meistens auf der Couch im Wohnzimmer, aber ich machte mir noch keine akuten Sorgen, weil sein Zustand sich nicht deutlich verschlechterte. Seine Schleimhäute waren geschwollen und er hatte eine schwere Bronchitis, aber keine Lungenentzündung. Er duschte allein (im ersten Stock!) und war kein „Pflegefall", wenn auch hilfebedürftig. Meine Hoffnung war: wir haben schon Schlimmeres durchgestanden, diesmal geht es ihm viel besser, vielleicht schafft er es! Wie im Sommer bekam er nun Transfusionen (sie wurden wieder an einem Notenständer aufgehängt) wegen Blutarmut, Infusionen zur Verbesserung des Flüssigkeitshaushaltes, ein Antibiotikum und nach Bedarf fiebersenkende Mittel. Das ganze Programm eben. Ohne die ständige liebevolle ambulante Begleitung durch unsere beiden Ärzte wäre Roberts Behandlung zu Hause nicht möglich gewesen. Und dann wären bei seiner ausgeprägten Krankenhausphobie sicherlich einige existenzielle Erfahrungen für ihn und auch für Daniel und mich nicht möglich geworden. Immer wieder bat er mich inständig, ihn in keinem Falle in ein Krankenhaus zu geben oder den Notarzt zu holen. Mit dieser schweren Verantwortung lebte ich nun schon so lange, dass ich es ihm versprach und erst im Rückblick den unschätzbaren Wert dieser Vereinbarung für uns alle sehen kann.

Robert bekam zur besseren Durchblutung in Intervallen je ca. 15 Minuten lang Sauerstoff, und er mochte diese Schläuche an seiner Nase nicht. Gleichzeitig hörte er wie fast ständig in dieser Zeit Musik; nach einiger Zeit zog er die Schläuche weg und legte sie auf die Bettdecke. Als ich sie ihm dann besorgt wieder anlegen wollte, sagte er einmal: „Ich weiß, dass ich genug Sauerstoff hatte, denn die Serenade ist jetzt zu Ende." Er maß die Zeit in Takten!

Roberts Mundschleimhaut schwoll immer mehr an, Essen und Trinken wurden mühsamer, auch das Abhusten wurde anstrengender; einmal sagte Robert deshalb beim Frühstück zu mir: „Ich bin eine Zumutung für dich. Ich ekle mich allmählich vor mir selbst." Ich ekelte mich zwar nicht vor ihm, aber meine Sorge wuchs, dass er vielleicht bald unter Luftmangel leiden würde. Deshalb bekam ich von den Ärzten ein Cortison-Mittel für den Notfall, und beide waren Tag und Nacht über Handy erreichbar. Außerdem besuchten sie Robert beide mindestens einmal täglich.

Robert stand bis zum 7. 1. zum Essen auf und setzte sich an den Küchentisch. Gelegentlich spielten wir Scrabble, eine liebe Gewohnheit aus gesunden Tagen.

Am 8. Januar, Roberts Todestag, nahm Gerd morgens bei Robert Blut ab. Roberts Fieber stieg trotz der Medikamente auf über 40° an, und ich nahm mir vor, mich in der nächsten Nacht trotz Roberts rasselnden Atems, der mich am Schlafen hinderte, neben ihn ins Bett zu legen. Am Morgen sagte Robert: „Wo ist eigentlich Daniel? Ich glaube, es wäre gut, wenn er jetzt käme." Alarmiert griff ich sofort zum Telefon, und Daniel meinte, er wäre auf jeden Fall an diesem Tag nach Hause gekommen, er hielte die Ungewissheit nicht mehr aus. Daniel kam zur Mittagszeit, und kurz danach erschien auch Barbara, um nach Robert zu sehen. Robert stand wankend auf von der Wohnzimmercouch (er weigerte sich noch immer, sich wie „ein Kranker" ins Bett zu legen), umarmte Barbara und sagte: „Ich danke dir noch einmal für alles, was du für mich getan hast." Und Barbara wehrte ab: „Das ist doch ganz selbstverständlich, mein Lieber! Nun leg dich aber schnell wieder hin." Anschließend erinnerten Robert und ich uns an unsere erste Begegnung bei der Musikwoche in Bad Hersfeld. Robert sagte: „Wir haben uns unter so lieben Umständen kennen gelernt, ich kann dich doch noch nicht verlassen. Ich kann mir nicht vorstellen, wie du ohne mich zurechtkommst."

Roberts Fieber stieg noch immer, inzwischen lag es bei fast 41°. Daniel und ich gaben Robert ein leichtes Fieber senkendes Mittel. Die Dosis durfte nicht zu hoch sein, weil er sonst zu stark schwitzte und sich damit überanstrengte. Als das Fieber mit Hilfe von Medikamenten und Wadenwickeln etwas gesunken war, war Robert wieder so stabil, dass Daniel und ich ihn mit Mühe zu seinem Bett im Schlafzimmer führen konnten. Denn inzwischen war das Pflegebett von der Krankenkasse angeliefert worden und musste im Wohnzimmer aufgestellt werden. Robert sah es mit Erschrecken, denn es erinnerte ihn an seine Pflegephase im vergangenen Sommer. Ich musste ihm versichern, dass er nur darin liegen solle, wenn es für seine Pflege unvermeidbar würde.

Robert trank noch etwas Traubensaft, wollte sein Medikament nehmen, konnte es aber nicht mehr schlucken. Er aß ein wenig Vanillepudding und fragte mich dann:

„Was glaubst du, werde ich das hier überleben?" Meine Intuition, die mich seit Roberts Krankheit immer geleitet hatte, versagte in diesem Moment. Vielleicht hielt mir ein Engel die Augen zu. Ich fragte zurück: „Was meinst du selbst?" Robert antwortete nicht. Obwohl ich inständig hoffte, dass sich das Wunder des Sommers wiederholen würde, sagte ich zu Robert: „Wenn du stirbst, wird Gott bei dir sein."

Das Fieber stieg wieder, Roberts Atem ging rasselnd, aber nicht mühsam. Robert begann zu phantasieren, ich verstand ihn nicht. Dann rief er Daniel, ich holte ihn und zog mich dann zurück, als ich hörte, dass Robert liebevoll und ganz klar zu Daniel sprach: „Du bist ein ganz lieber Junge ..."

Später sagte er besorgt zu mir: „Ich habe heute Abend eine Verabredung zum Konzert. Ruf Mayumi an und sag ihr, dass ich etwas später komme. Ich komme gegen halb sechs." Dies äußerte er um 15 Uhr und sagte damit seinen Todeszeitpunkt, den Moment seines Aufbruchs zum großen Himmelskonzert, fast auf die Minute genau voraus. Ich beruhigte Robert, dass er keine Verabredung habe und ruhig liegen bleiben solle. In dem Moment konnte und wollte ich ihn nicht verstehen. Aber ich rief Mayumi wirklich an, erreichte sie nicht, weil sie Orchesterdienst hatte. Sie erzählte mir später, dass die Kollegen zur selben Zeit ausführlich über Robert gesprochen hatten.

Daniel stellte für Robert den CD-Spieler neben sein Bett und ich fragte ihn, was er gerne hören wolle. Zum ersten Mal ließ Robert mich darüber entscheiden und ich legte eines unserer liebsten Werke auf, die H-Moll-Messe von Bach.

Eine Stunde später forderte Robert mich auf: „Leg dich zu mir zum Kuscheln. So viel Zeit haben wir noch."

Im Rückblick verstehe ich, was ich damals nur ahnte: dass Robert von allen lieben Menschen Abschied nahm und sein Sterben vorbereitete. Er erinnerte mich daran, dass die Telefonnummer des Organisten, der bei seiner Beerdigung spielen sollte, auf seinem Schreibtisch lag, und dass die BfA-Unterlagen für meine Rente in der Schublade zu finden waren. Er erkundigte sich besorgt, ob ich das von ihm im Sommer diktierte Testament, das den Verbleib der Noten, Bücher und Instrumente betraf, noch hätte. „Natürlich habe ich es aufbewahrt," beruhigte ich ihn.

Dann haben wir nicht mehr gesprochen, denn es war alles geregelt und gesagt. Das Letzte Abendmahl hatte Robert auf dem Krankenbett im Sommer genommen, ich erreichte den Pfarrer im Moment telefonisch nicht, hatte aber eine Nachricht hinterlassen. Ich hatte keine Angst, sondern war eher apathisch und von einem unbeschreiblichen „Nicht"-Gefühl erfasst. Was geschah, war außerhalb meines Begreifens, ich konnte einfach nichts mehr tun außer meinem Da-Sein. Die Zeit schien still zu stehen, Worte wurden unwichtig, Robert und ich waren uns zuinnerst nahe.

Ich legte mich neben ihn ins Bett, so wie sonst immer, eng an ihn angelehnt. Er fragte mich: „Liegst du gut?" Zum letzen Mal genoss ich Roberts Nähe, spürte, wie er sich verändert hatte. Sein Atem ging schnell und geräuschvoll, sein Puls raste so, dass die einzelnen Schläge kaum noch zu unterscheiden waren. Zwischendurch wurde der Puls schwächer und setzte kurz aus. Nase, Füße und Hände waren kalt und grau, und sein Körper glühte im Fieber. Er hatte allerdings – Gott sei Dank! – keine Schmerzen. Sein Gesicht erschien mir überirdisch schön, mit klaren Konturen, völlig faltenlos und von leicht durchsichtiger rosa schimmernder Farbe. Ich habe

Roberts Gesicht im Laufe unseres Zusammenlebens häufig fotografiert, einfach, weil ich es so sehr liebte. Und auch in diesem Moment hatte ich einen Film im Apparat, auf dem noch zwei Bilder waren, und so habe ich zum letzten Mal ein Fotoporträt von ihm machen können. Doch dann überkam mich Verzweiflung über Roberts Zustand, und ich rief Gerd an. Er sagte mir, dass die Werte von der morgendlichen Blutprobe katastrophal seien und akute Blutungsgefahr bestand. Gerd versprach mir, uns abends zu besuchen und Robert eine weitere Infusion zu verabreichen.

Plötzlich – noch sinnend am Telefon im Wohnzimmer sitzend – hörte ich Roberts keuchenden Atem nicht mehr. Ich rannte ins Schlafzimmer und sah Robert, der schräg im Bett lag mit einem Bein auf dem Boden. Die Bettdecke war zurückgeschlagen, er hatte wohl versucht sich zu erheben. Ich sagte zu ihm: „Willst du aufstehen? Komm, ich helfe dir" und nahm seinen Arm. Erst jetzt merkte ich, dass sein Blick leer war und sein Arm kraftlos. In panischem Entsetzen rief ich nach Daniel, der sofort die Treppe herunter lief, als hätte er auf meinen Ruf gewartet. Ich legte Roberts Beine wieder unter die Decke und bemerkte, dass Robert frei und tief geräuschlos ein- und ausatmete, immer tiefer mit größer werdenden Pausen. Ich wurde ruhiger, kniete mich vor das Bett, berührte Robert zaghaft; Daniel saß neben mir auf einem Stuhl und streichelte meinen Rücken, während Robert starb: Wie eine Presswehe bei der Geburt eines Kindes ging ein Schauer durch Robert, eine große Anstrengung vom Kopf abwärts mit völlig veränderten Gesichtszügen. Löste sich die Seele von ihrer leiblichen Hülle? Dann entspannte sich Robert wieder, der Atem wurde schwächer und verebbte. Am 8. Januar 2001 um 17.15 Uhr war Roberts irdisches Leben vollendet. Ein großer Musiker und ganz besonderer Mensch hatte die Erde verlassen. Er war genau so gestorben, wie er es sich gewünscht hatte: tätig als Musiker bis in die letzte Zeit.

Ich bemerkte, dass die CD mit Bachs H-Moll-Messe, die ich mehrfach wieder aufgelegt hatte, noch immer lief. Wenn Robert in früheren Jahren dieses Werk gehört hatte, hatte er immer seinen Tod damit in Verbindung gebracht. Nun war er unter den Klängen dieses von ihm geliebten Musikstückes gestorben, ich gab ihm später die alte Leinenpartitur mit ins Grab.

Ich kniete nieder, schloss ihm die Augen und liebkoste ihn immer wieder. Der, für den ich so lange gesorgt hatte – ich konnte nichts mehr für ihn tun, musste ihn seinem Gott überlassen. Unser Weg war so innig verbunden gewesen, dass ich nicht fassen konnte, vor der Pforte zurückgelassen worden zu sein. Daniel sagte als erstes: „Nun ist doch alles gut zu Ende gegangen. Wenn Sterben so ist, braucht man sich doch eigentlich nicht zu fürchten." Wir wussten seit fünfzehn Monaten, dass dieser Moment kommen würde, und doch war ich eigentlich nicht vorbereitet. Der Tod ist so etwas Anderes, Hohes, dass ich ihn mir vorher einfach nicht vorstellen konnte. Wir können alle dankbar sein, dass Robert auf diese Weise, ruhig und schmerzfrei, die Welt verlassen durfte, aber dennoch war ich zunächst völlig hilflos. Ich hatte noch nie einen mir nahe stehenden toten Menschen gesehen, niemand hatte mich jemals in das Geschehen des Todes mit einbezogen. Ich fühlte mich heimatlos, vater- und mutterlos, einfach hoffnungslos einsam. Derjenige, der mir hätte helfen können, lag tot neben mir.

Kurz nach Roberts Tod klingelte das Telefon, aber ich zog den Stecker aus der Dose, ich konnte mit niemandem sprechen. Ich sah Robert an: Er lag völlig entspannt und ruhig, das vorher fiebergerötete Gesicht war blass, die Lippen weiß. Sein Mund war leicht geöffnet, die Mühe des schweren Atmens war von ihm genommen; dennoch glaubte ich noch lange, seine Atembewegung unter der Bettdecke zu sehen. Ich nahm Robert den Ehering ab und überlegte, ob man irgendetwas jetzt erledigen müsste. Daniel und ich schwiegen noch eine ganze Weile fassungslos, bis ich dann doch das Telefon wieder anschloss. Sofort klingelte es wieder. Es war, wie auch schon beim vorigen Anruf, Schwester F., die mir der Himmel geschickt haben muss. Sie wollte sich erkundigen, ob wir ihre pflegerische Hilfe brauchten. Ich verneinte und berichtete ihr von Roberts Tod. Sie erfasste sofort die Lage und war innerhalb einer Viertelstunde bei uns.

Wenig später rief Roberts erste Frau Lisa an, die am 8. Januar Geburtstag hat, um sich nach Roberts Befinden zu erkundigen. Sie hatte die richtige Ahnung.

Traum

Ich fahre mit dem Fahrrad nach Hause. Es ist dunkel, und als ich kurz vor der Einfahrt zu unserem Haus bin, bemerke ich eine große schlanke, weiß gekleidete Gestalt neben mir. Ich weiß, dass wir uns kennen, dennoch frage ich sie, wer sie sei. Sie antwortet unklar, sie müsse mich erst noch besser kennen lernen. Wir gehen ins Haus und kommen in Roberts Zimmer, das fremdartig eingerichtet ist. Ich lege mich schlafen, weil ich den ganzen Tag über in der Schule gearbeitet habe. Und dann höre ich ein paar ganz leichte Schritte im Flur und sehe Robert im Türrahmen stehen, sonnengebräunt, mit strahlendem Lachen und in Ferienkleidung. Ich rufe in tiefster Bewegung seinen Namen und sauge sein Bild mit den Augen in mich auf. Wie erwartet wird die Erscheinung flüchtig, und Robert verschwindet gemeinsam mit der Gestalt in dem weißen Gewand.

Abschied

Ihr habt nun Traurigkeit.
Aber ich will euch wiedersehen
Und euer Herz soll sich freuen
Und eure Freude soll niemand von euch nehmen.
(Joh 16, 22)

Ein bewusster Abschied von Robert wurde dadurch möglich, dass er noch zwei Tage und Nächte in unserem Haus bleiben konnte. In Erinnerung an seine Worte „Ich habe noch eine Verabredung zum Konzert" zogen wir ihm legere Konzertkleidung an und ließen ihn unter einer bunten Decke auf seinem Bett liegen. Ich werde Schwester F. immer dankbar sein, dass sie in so behutsamer Weise mit mir gemeinsam Roberts Leichnam versorgte. Dadurch habe ich gelernt, dass das Hinsehen, Anfassen und Durchstehen Ängste nimmt. Ich hätte vorher nie gedacht, dass ich Roberts gestorbenen Körper waschen und ankleiden könnte. Und wie hat es mir geholfen! So habe ich den Tod im wahrsten Sinne des Wortes „begriffen".

Wir beseitigten den Wecker und stellten Blumen und Kerzen auf. In feierlicher Stimmung beteten Daniel, Schwester F. und ich das Vaterunser für Robert. Pfarrer O. und Gerd, der eigentlich eine Transfusion legen wollte, trafen ein. Gerd stellte den Totenschein aus, und dann beteten wir gemeinsam, einen Halbkreis um Roberts Liegestatt bildend. Ich hatte inzwischen meine Eltern und einige Freunde angerufen und von Roberts Tod unterrichtet, die Nachricht hatte sich schnell herumgesprochen. An diesem Abend und an den folgenden beiden Tagen besuchten uns viele Menschen, um Abschied von Robert zu nehmen, für ihn zu beten und Daniel und mir beizustehen. Allmählich wich meine Fassungslosigkeit einem dumpfen Schmerz, der erst nach Roberts Beerdigung in aller Schärfe ausbrach. Drei Tage lang wichen meine engsten Freundinnen nicht von meiner Seite, kochten Kaffee für den Besuch, richteten Essen her und sorgten dafür, dass auch ich gelegentlich etwas aß oder trank. Ich spürte meinen Körper kaum; Hunger, Durst und Schlafbedürfnis waren wie abgestellt. In den beiden Nächten saßen Daniel und ich gemeinsam oder allein bei Kerzenschein an Roberts Bett, immer wieder hörten wir die H-Moll-Messe.

Roberts Körper und sein Gesicht veränderten sich. Ich fühlte unter seinen Rücken, er blieb warm, bis die Bestatter nach zwei Tagen kamen. Sein Gesicht wurde unnahbarer; der weiche lächelnde Ausdruck des ersten Tages wich einer ernsthaften Strenge. Der Körper wurde nicht mehr von Roberts Persönlichkeit beseelt, immer deutlicher war er eine verlassene Leibeshülle. Vergangenheit – Vergänglichkeit. Deshalb konnte ich mich von ihm, als er abgeholt wurde, trotz aller Trauer mit einem Anflug von Gelassenheit trennen. „Er" war es nicht mehr. Ich hatte die Trennung der Seele vom Körper beobachten können, und deshalb war ich getröstet.

Die folgende Zeit liegt in meiner Erinnerung in dichtem Nebel. Im Gedächtnis sind mir die unvermeidlichen Beerdigungsvorbereitungen, wobei ich den Bestatter, der diensteifrig einen Katalog mit verschiedenen Sargmodellen vorzeigte, sehr ungnädig behandelte.

Ein wohltuendes Geschenk war die zahlreiche Kondolenzpost aus Roberts großem Kreis von Bewunderern, Musikkollegen, Freunden und Verwandten. Es kamen Briefe aus Dänemark, Schweden, Holland, Frankreich und vielen Städten Deutschlands. Thomas Brandis, Studienkollege von Robert und langjähriger Konzertmeister der Berliner Philharmoniker, lobte Roberts Hochbegabung, die Robert bis zum Schluss genutzt und die vielen Menschen Trost und Freude bereitet habe. Erst zwei Wochen vorher hatten beide als Konzertmeister, sozusagen Eckpunkte des Orchesters, das Weihnachtsoratorium miteinander musiziert.

Der Dirigent Jacques Delacote schrieb mir: „Ich mochte, respektierte und bewunderte Herrn Reitberger ganz besonders. Er war nicht nur ein überragender Cellist, er war darüber hinaus ein temperamentvoller Vollblutmusiker und überhaupt eine wahrhaft schillernde Persönlichkeit." Er beklagte weiter die klaffende, schmerzhafte Wunde, die Robert bei seinem Abgang im Philharmonischen Staatsorchester Hamburg hinterlassen habe.

Ein Pianist beschrieb ihn als „der musikalischste, ausdrucksstärkste und temperamentvollste Cellist", mit dem er je zusammen musiziert habe. Zwei noch lebende Komponisten dankten dafür, dass Robert ihnen gewidmete Werke uraufgeführt habe.

Die große Wertschätzung für Robert als Mensch und als Musiker wärmte mich in dieser besonders schweren Zeit.

Am 18. Januar 2001 fand der Trauergottesdienst für Robert in der herrlichen St. Michaelis Kirche statt, in der Kirche, in der wir 1992 kirchlich geheiratet haben. Es war dort, wo Robert unzählige Male sein geliebtes Cello hatte klingen lassen, wo er über Jahrzehnte regelmäßig zu den Kirchenfesten im Michaelisorchester die großen Musikwerke als Solocellist gespielt und auch als Solist mit Günter Jena konzertiert hatte. Diese Kirche war Roberts geistige Heimat, obwohl er grundsätzlich der Kirche als Institution kritisch gegenüberstand.

Sein Sarg stand am Altar, geschmückt mit Blumen und Kränzen von Familie, Freunden und Bekannten, aber auch von verschiedenen Orchestern, zum Beispiel vom Festspielorchester Bayreuth. Desgleichen kam der letzte Gruß vom Philharmonischen Staatsorchester Hamburg, der Wirkungsstätte, wo Robert am längsten gearbeitet hat. Der Gottesdienst wurde zu einem würdigen Abschied von einem großen Menschen, Hunderte von Menschen bildeten die Trauergemeinde. Der Organist der Michaeliskirche, Gerhard Dickel, spielte auf der großen Orgel das von Robert gewünschte Werk: Präludium und Fuge c-Moll BWV 546 von J. S. Bach. Pastor O., der Robert und mich lange persönlich begleitet hatte, fand bewegende und realistische Worte über das Leben von Robert.

In den Mittelpunkt seiner Predigt stellte er den Bibelvers, mit dem er Robert im vergangenen Jahr immer wieder getröstet hatte: „Leben wir, so leben wir dem Herrn; sterben wir, so sterben wir dem Herrn. Ob wir leben oder ob wir sterben, wir gehören dem Herrn" (Römerbrief Kapitel 14, Vers 8). Neben der Liturgie stand die Musik im Zentrum: Der Gottesdienst wurde musikalisch auf das Schönste umrahmt vom Carl-Philipp-Emanuel-Bach Chor, der drei Choräle von Johann Sebastian Bach sang, unter anderem den Choral aus dem Weihnachtsoratorium, den wir bei Roberts Geburtstagsfeier gesungen hatten: „Seid froh dieweil, dass euer Heil ist hie ein Gott und auch ein Mensch geboren." Dabei fiel helles Sonnenlicht durch ein Kirchenfenster; einige Menschen der Trauergemeinde haben das als ein Gotteszeichen empfunden.

Daniel hatte den Wunsch gehabt, für seinen Stiefvater in dieser Feier zu musizieren. So saß er mit seinen sechzehn Jahren auf der Empore an der Stelle, wo Robert so oft gewirkt hatte, und spielte auf einem von Roberts Celli das Präludium aus der D-Moll-Solosuite von Bach. Die Gemeinde schien den Atem anzuhalten, war doch Roberts Celloton bekannt wie seine Stimme. Daniel spielte klangschön und sicher; er war trotz seiner Trauer froh, in diesem Moment Cello spielen zu dürfen, und es war ihm wichtig, Robert auf diese Art und Weise verabschieden zu können.

Ein Streichquartett, dem Daniel auch angehörte, spielte einen Quartettsatz von Mozart und aus der von Robert so geliebten Bach'schen „Kunst der Fuge" den ersten Kontrapunkt.

So wurde der Gottesdienst liturgisch und musikalisch eine eindrucksvolle Reminiszenz an Roberts Leben und Sterben mit Hoffnung auf ein Leben in Ewigkeit.

Am Ende der Trauerfeier trugen sechs gute Freunde den Sarg durch die Kirche nach draußen, gefolgt von der Prozession der Gemeinde. Auf dem Friedhof unseres Wohnortes Halstenbek wurde Roberts Körper zur letzten Ruhe gelegt.

Traum

Ich sehe Sterne am Firmament, erst lange Zeit nur zwei, dann werden es bei jedem neuen Hinsehen mehr Sterne am schwarzen Himmel, hoffnungsvoll, strahlend, funkelnd. Der Himmel ist ganz nah, beginnt direkt vor mir in großer mächtiger dreidimensionaler Weite, herrlich anzusehen in seiner strahlenden Schönheit.

Zum Geleit

O Herr, gib jedem seinen eignen Tod.
Das Sterben, das aus jenem Leben geht,
darin er Liebe hatte, Sinn und Not.

(Rainer Maria Rilke)

Wir lesen vom Leben, vom erfüllten Leben eines begeisterten, eines begeisternden Musikers; und vom Sterben, vom befriedeten Sterben eines vertrauenden, glaubenden Menschen; und erfahren, dass die großen Drei zusammengehören.

Not prägte offenbar schon seine Kindheit. In andeutenden, scheuen Worten nur erzählt die liebende Frau davon und erklärt verständnisvoll so eigentlich Unverzeihliches. Kränkungen erlitt er auch immer wieder in seiner Arbeit, wenn Orchester-Kollegen ohne Hingabe, Dirigenten ohne Klangsinn, wenn also Musiker ohne die ihm selbstverständliche Liebe musizierten. Not prägte schließlich sein Lebensende. Eine schwere Krankheit zehrte an ihm und raubte ihm Kraft. Und befähigte ihn doch „zu mehr Liebe, zu größerer Gelassenheit und mehr Lebensgenuss". So stark war die Leben spendende Kraft dieser Not, dass sie ihm schenkte, was ihm, von Kindheitserlebnissen geschwächt, ein Leben lang gefehlt hatte: „Vertrauen zog in seine Seele ein".

Liebe empfing er im Übermaß. Und gab sie im Übermaß. Die Liebe *von* der Frau und die Liebe *zu* der Frau, die hier spricht. Wir erfahren, dass sie ihn liebte mit all seinen Schwierigkeiten und Schwächen. Wir lesen erstaunt, wie „unerklärliche Angstzustände" ihr die Krankheit des geliebten Mannes ankündigten. Diese Liebe war ein spätes Geschenk in seinem Leben. Und er erwiderte sie glücklich. In jeder Zeile spüren wir aber auch die Liebe des Musikers zur Musik, zu seinem Instrument. Bis an sein Lebensende hält sie an, wächst in ihm und stärkt ihn. Beide Lieben konkurrieren nicht miteinander, sondern verstärken sich gegenseitig und helfen dem Kranken. Wir lesen: „Er hat einen bemerkenswerten Lebenswillen und schöpft seine ganze Kraft aus der Musik und aus unserer Liebe." In bewegenden Worten berichtet die Autorin schließlich von den letzten, schweren Lebenstagen: „Die Musik hat seine Seele am Leben gehalten" und erzählt, wie der Musiker am Weihnachtstag vor seinem Tod Abschied nimmt von *dieser* Geliebten: der Musik - seinem Violoncello.

Beides wohl, die Liebe *und* die Not gaben diesem Leben *Sinn*. Er spürte, dass „Musik einen Vorgeschmack auf die himmlische Ewigkeit zu geben schien" und konnte so geborgen daran glauben: „Wenn du stirbst, wird Gott bei dir sein".

Uns, den Lesern, bleibt das Resümee dieses Musiker-Lebens, das Wort Robert Reitbergers: „Wir sollten die Musik viel ernster nehmen."

Günter Jena

Danksagung

Beim Verfassen dieses Buches haben mich einige Menschen durch ihre Mitarbeit unterstützt; ich möchte mich herzlich bedanken bei:

Hauptpastor Helge Adolphsen, Lisa Andersson, Michaela Enachescu, Manfred Goldmann, Daniel Haverkamp, Ruth und Heinrich Osterrath, Niels Wolfgang Peters, Veronika Pilscheur, Dr. Karin Schmidt, Dr. Barbara Treß, Anglika Wever.

Mein besonderer Dank gilt Prof. Günter Jena, der den Beitrag „Zum Geleit" geschrieben hat. Sowohl während seiner langjährigen Tätigkeit als Kirchenmusiker an der Hamburger St.-Michaelis-Kirche als auch als Dirigent Geistlicher Ballette von John Neumeier arbeitete er intensiv mit Robert Reitberger zusammen. Seit 1997 betätigte sich Günter Jena als Autor von Büchern über Bachs Matthäuspassion, Weihnachtsoratorium und Kunst der Fuge.

Hinweise zu den Bibeltexten

Alle am Anfang der Kapitel im zweiten Teil des Buches zitierten Bibeltexte sind so übernommen, wie sie Johannes Brahms in seinem **Deutschen Requiem,** einem der Lieblingswerke von Robert, vertont hat.

Erläuterungen
zu Fachwörtern der Musik

Adagio: Tempobezeichnung „sehr langsam"

Continuo-Cello: im Oratorium der Barockzeit solistische instrumentale Bassstimme als Begleitung von Rezitativen und Arien

Fuge: Komposition mit mehreren gleichberechtigten Stimmen

Kammerorchester: Orchester in kleiner instrumentaler Besetzung

kontrapunktisch: hier das Zusammenspiel der einzelnen Stimmen betreffend

Konzertmeister: Stimmführer der Ersten Violinen im Orchester; mit solistischen Aufgaben

Opus: musikalisches Werk (abgekürzt „op."), dessen Nummer Grundlage für ein Kompositionsverzeichnis ist

Partitur: Notentext, in dem alle Vokal- und Instrumentalstimmen einer Komposition so notiert sind, dass man den Verlauf des Werkes sowohl in der einzelnen Melodieführung als auch im Zusammenklang aller Stimmen verfolgen kann

pianissimo: sehr leise

piano: leise

Präludium: einleitendes musikalisches Vorspiel

Probespiel: instrumentales Vorspiel als Bewerbung für eine Stelle als Orchestermusiker

Requiem: Vertonung einer Totenmesse

„Ring des Nibelungen": Bühnenfestspiel von Richard Wagner mit vier Opern für drei Tage und einen Vorabend: „Das Rheingold", „Die Walküre", „Siegfried" und „Götterdämmerung"

Solocellist: Stimmführer der Cellogruppe im Orchester; mit solistischen Aufgaben

Solokadenz: virtuose solistische, meistens in Noten festgelegte Improvisation über die Themen eines Instrumentalkonzerts

Solosuite: Folge von Tanzsätzen für ein Melodieinstrument ohne Begleitung

Tutticellist: Tutti (ital.) – alle; Orchestercellist ohne führende Funktion

Erläuterungen
zu Fachwörtern der Medizin

Antibiotikum: Medikament, das auf Bakterien wachstumshemmend oder tötend wirkt

Blasten, (Myeloblasten): funktionsunfähige weiße Blutzellen, die von entarteten Knochenmarkszellen gebildet werden

Bluttransfusion: Übertragung von menschlichem Blut durch Infusion

Chemotherapie: Einsatz von chemischen Stoffen zur Hemmung von Tumorzellen

Hämoglobin (Hb): roter Blutfarbstoff in den roten Blutkörperchen

Infusion: Einfließenlassen von Flüssigkeit in den Körper, meist in eine Vene

Leukämie: bösartige Erkrankung der weißen Blutkörperchen durch Vermehrung unreifer, funktionsloser Stammzellen

Leukozyten: weiße Blutkörperchen; normale Anzahl im Blutbild 4800-10000/µl

Misteltherapie: Einsatz von Mistel als Medikament aus dem Verständnis der durch Anthroposophie erweiterten Medizin

Remission: bei Krebskrankheiten Zustand mit verminderten Krankheitserscheinungen